服はいっぱいあるのに あか抜けきれないと思ったら

モデル体型じゃなくても おしゃれになれる5つのルール

スタイリスト
黒田茜／著

珍田／イラスト

かんき出版

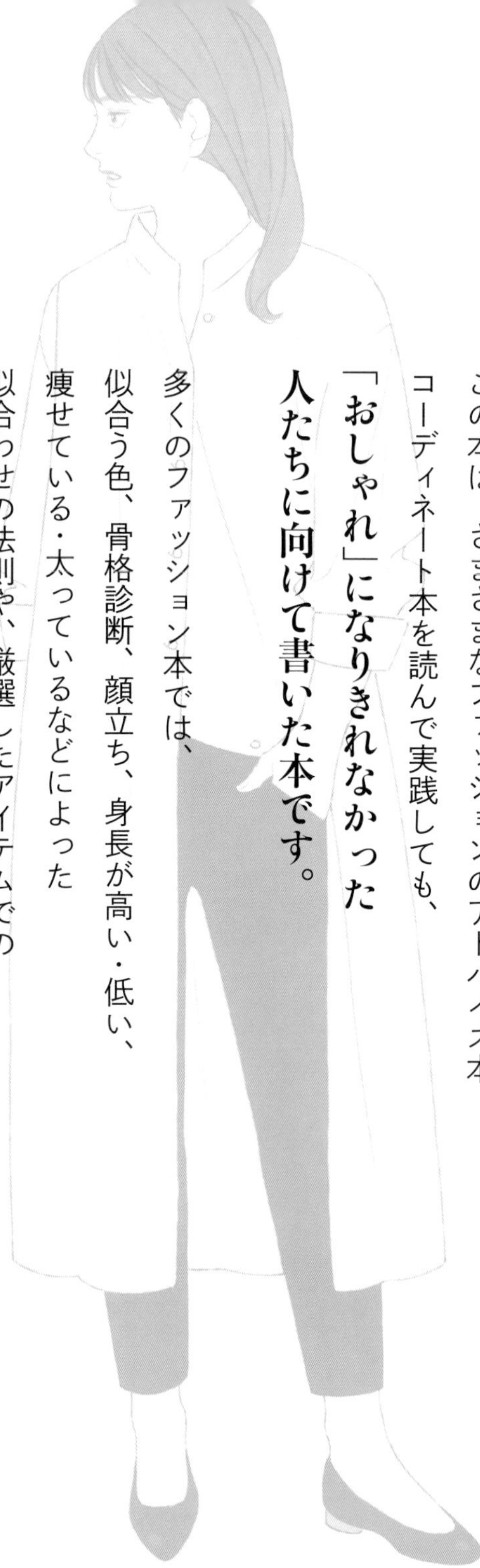

この本は、さまざまなファッションのアドバイス本、
コーディネート本を読んで実践しても、
「おしゃれ」になりきれなかった
人たちに向けて書いた本です。

多くのファッション本では、
似合う色、骨格診断、顔立ち、身長が高い・低い、
痩せている・太っているなどによった
似合わせの法則や、厳選したアイテムでの
コーディネート術を紹介しています。

それを実践して、
おしゃれになり「あか抜ける人」もいれば、
「効果が出ない人」もいます。

私は、後者です。
幼少期から洋服が大好きで、洋服にかかわる仕事に憧れを持ち、ファッションデザインの専門学校へ進学。
アパレル会社、個人向けノファッションスタイリストと、25年以上ファッションの業界にいます。

そんな、洋服好きでファッションを仕事にしている私でも、
既存の似合わせの法則を実践したり、
厳選したアイテムを身につけたりしただけでは、
おしゃれに見えません。

なぜなら、私は頭身が低めな

6・5頭身の
「ザ・日本人体型」だからです。

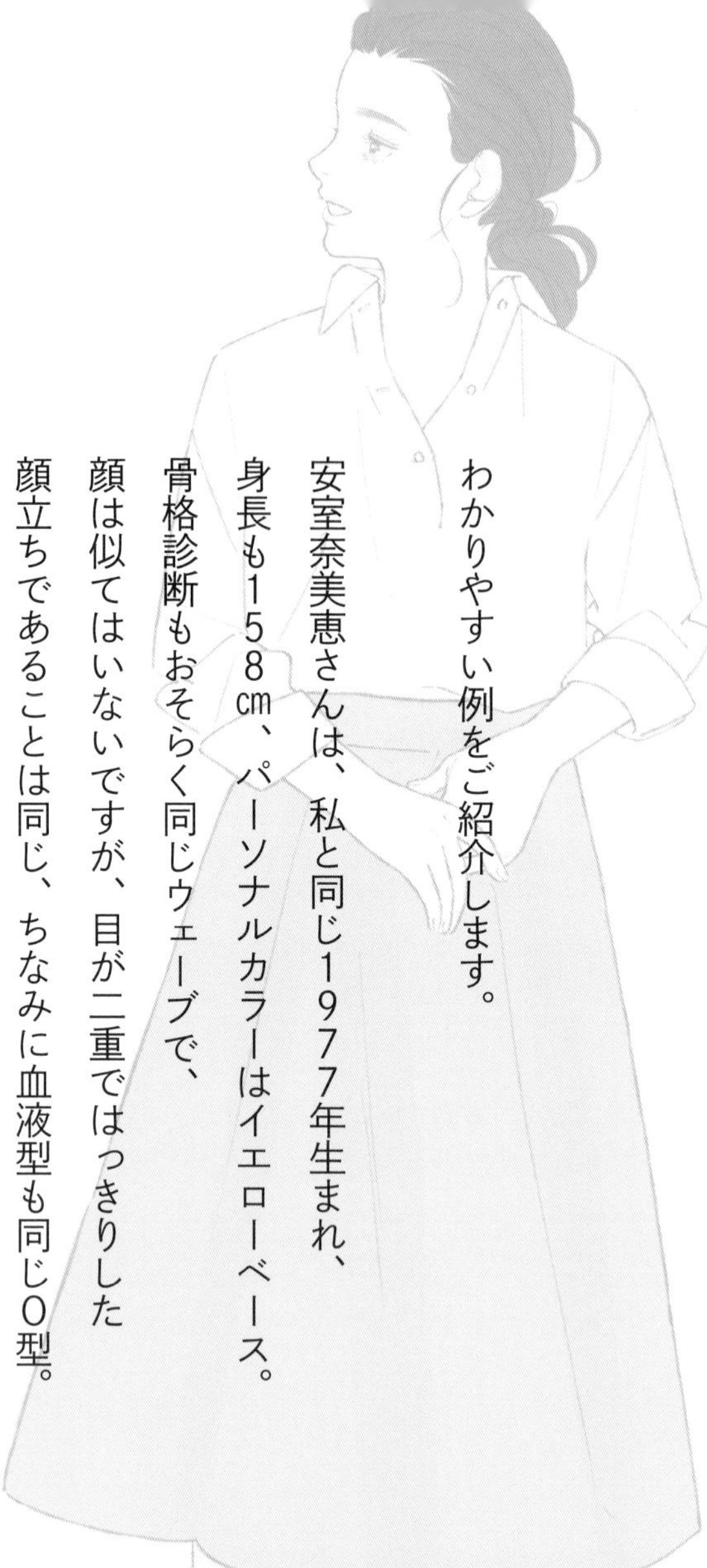

わかりやすい例をご紹介します。
安室奈美恵さんは、私と同じ１９７７年生まれ、
身長も１５８㎝、パーソナルカラーはイエローベース。
骨格診断もおそらく同じウェーブで、
顔は似てはいないですが、目が二重ではっきりした
顔立ちであることは同じ、ちなみに血液型も同じＯ型。

これだけ共通点があれば、
似合うものが近くてもいいと思いませんか？

でも、安室ちゃんの体重まで落として、
筋トレをして体型をつくり込んでも、

安室ちゃんが着ているファッションが
私に似合うとは思いません。

それは、頭身がまったく違うから。

同じ身長・同じ体重でも

「頭身」が違うと、
服を着たときのバランスが変わってきます。

これが、よく雑誌や通販サイトのモデルと同じ服を買って
着てみても、同じようにはならないために
がっかりしてしまう理由です。

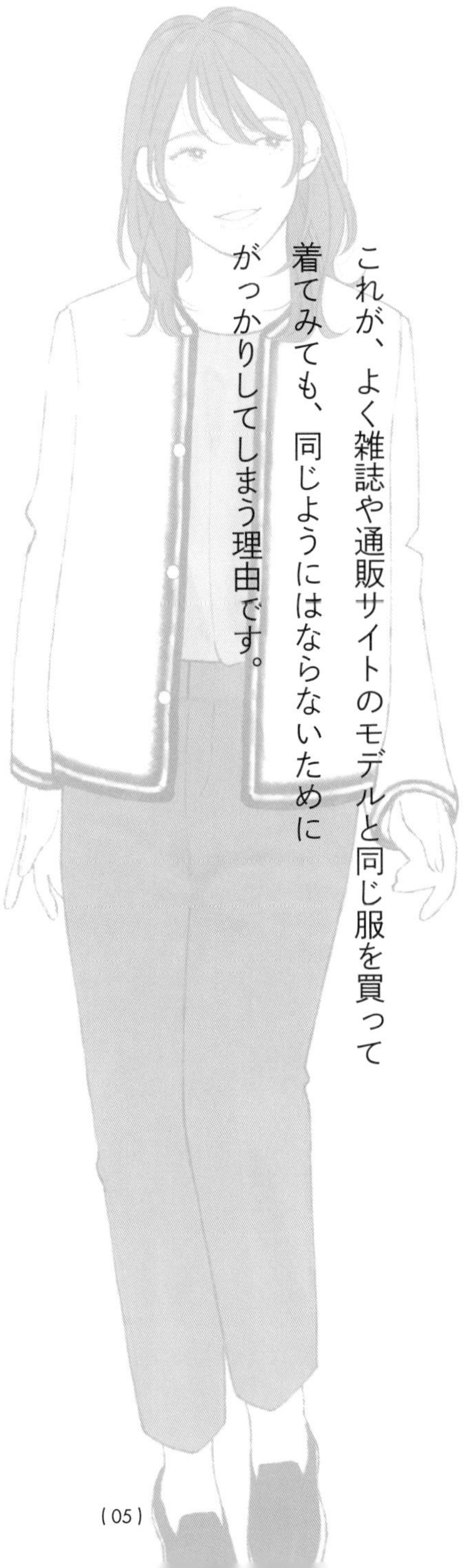

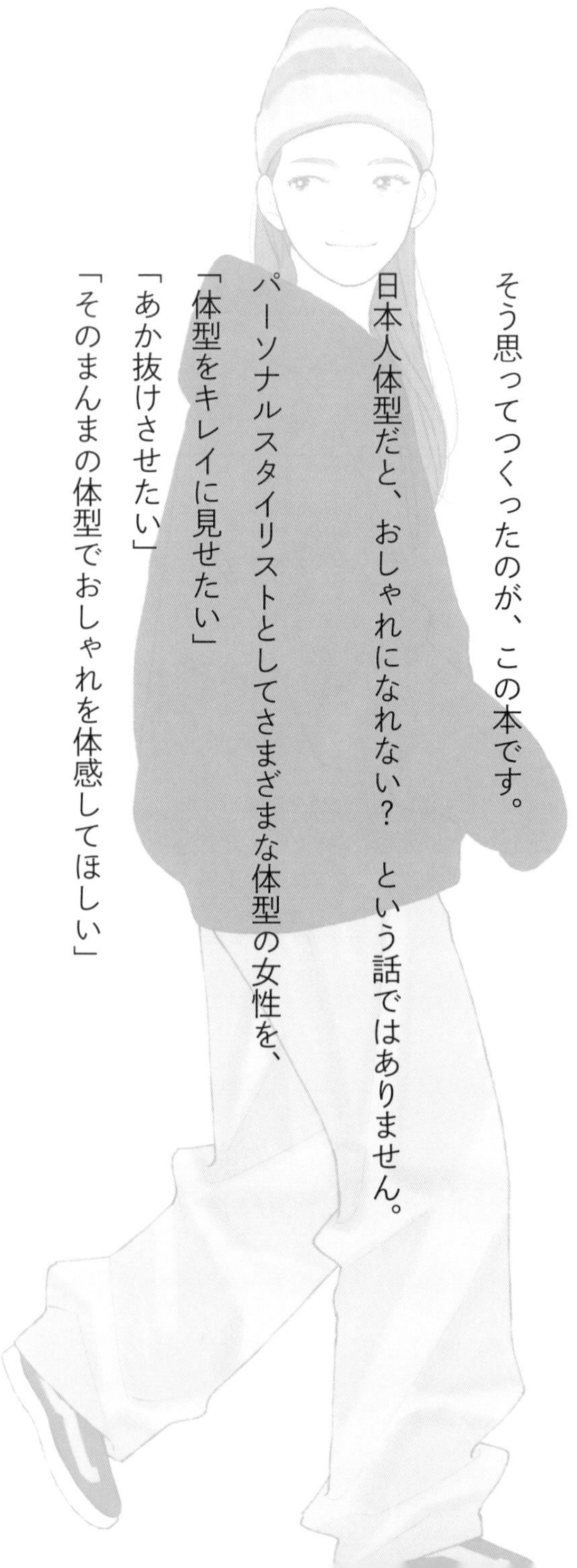

でも、6・5頭身の私だって、おしゃれを楽しみたい。
同じように、
いろいろな似合わせの法則を試してきたけど
涙をのんできた人たちのために、
素敵なコーディネートをしたい。

そう思ってつくったのが、この本です。


日本人体型だと、おしゃれになれない？　という話ではありません。

パーソナルスタイリストとしてさまざまな体型の女性を、

「体型をキレイに見せたい」

「あか抜けさせたい」

「そのまんまの体型でおしゃれを体感してほしい」

そんな視点でコーディネートしてきた結果、
こんな声をいただいています。

「選んでもらった服を着ていると、
本当に別人のように見えるので、自分でも驚きます」
「話したことがなかった会社の人に、
おしゃれですねと声を掛けられました」
「痩せた？　と聞かれるようになりました」
「着るものに迷う時間がなくなり、
朝のストレスがなくなりました」
「体型にコンプレックスを抱えていたけれど、
今では鏡に映った自分を笑顔で見られるようになりました」
「もっと早く、自分に合う服を知りたかったです。
これからが本当の私です」

服のいいところは、私たちをスタイルアップして
見せてくれるところです。
本当の体型はそこまで素敵じゃなくても、
コーディネート次第で、「いいスタイル」を
想像させることができます。

本書では、何を着てもあか抜けなかった方々の悩みを
解決するために、共通して使えるノウハウを
「5つのルール」として紹介します。

一度身につけたら一生使える、
流行に左右されない、
コーディネート術です。

ぜひ、自分の体型をキレイに見せる服の選び方を、
手に入れてください。

スタイリスト　黒田茜

CHAPTER 4

日本人体型さんにおすすめ！ おしゃれが叶う基本の20アイテム

ブックデザイン：月足智子
DTP：ニッタプリントサービス

CHAPTER 1

おしゃれに必要なのは「頭身」の把握

普通に服を着てもあか抜けるのが難しい、頭身低めの日本人体型さん。そんな私たちに必要なのは、自分の「頭身」を把握したうえで、スタイルアップできるサイズの服を着ることです。意外と知らない服のサイズのお話も、お伝えします。

Theory

服は、あなたの体型をよりよく見せてくれる

みなさんは、どんな人が「おしゃれ」だと思いますか？

モデルのようにスタイル抜群な人、美人な人、旬なブランド品を身につけている人などが思い浮かぶかもしれません。

このような人たちは「おしゃれ」に見えやすいですが、私の考える「おしゃれ」な人とは、**服を着ることで、自分の体型をよりよく見せることができる人**です。


街中で、たまに体型が丸分かりの人を見つけては、自分ごとのように恥ずかしく感じることがあります。ここがウエストです、お尻はここです、これくらいの大きさです、脚の太さはこれくらいです。……と報告しているかのように、歩いている人がいます。

若くてキレイな体型の人であれば、気持ちよく見ることができますが、私を含め、大人の女性で、どこを見られても完璧な人は、わずかでしょう。

でも服をうまく着こなせば、コーディネート次第で、体型をそのまま見せずに、「いいスタイル」を想像させることができます。

ロングスカートを好んではいていた、アメリカを代表する絵本作家ターシャ・テューダーの言葉をご紹介します。

「長いスカートは、いろんな欠点を隠してくれるわ。大根足もね」

「全部見えるよりずっと神秘的で、楽しいものです」

（『思うとおりに歩めばいいのよ　ターシャの言葉』ターシャ・テューダー著、食野雅子訳、ＫＡＤＯＫＡＷＡ　より）

隠したいところは服で覆えばよし、見せたいところは出せばよい。

今の時代、さまざまなデザインの服があふれています。

自分をよりよく見せてくれる武器として、私たちは服を選べるのです。

Theory

何を着てもそれなりに見えるのは、7頭身以上の特権

日本人女性は平均7頭身くらいと言われています。私は6000人以上の女性をスタイリングしてきましたが、ちょうど7頭身の人は少なく、私のように6頭身半ばか、7・3頭身くらいの方が多いです。

7頭身以上ある人は、太っていても、身長が低めでも、普通に服を着れば、それなりに見えるのです。太っている芸能人の方でも、なんだかおしゃれに見える方っていますよね。そういった方々は、実は7頭身以上あるから、ダサくならないのです。

しかし、私のような、ずんぐりした体型だと、普通に服を着てそれなりになればいいのですが、**普通に着ているだけだとダサく見えてしまいます。**

似合う色を着ても、骨格診断で似合うと言われたデザインの服を着ても、解決はできません。

サイズが合っている服を着ていれば、きちんとしている、間違いないと思っている方も多いと思います。きちんとして見えますが、それが素敵に見えるのは、**7頭身以上ある人たちです。**

綾瀬はるかさんがユニクロのCMや広告で、シャツとデニムをジャストサイズで着用している姿は、「流石！　綾瀬はるか」といった感じで、とてもお似合いでした。でも、私が同じ組み合わせを着用したら、「おばさん小学生」になる……と想像して、失笑。私がジャストサイズをそのまま着てしまったら、子供服を着た「大きな小学生」のようになってしまいます。残念ながら、何を着てもそれなりに見えるのは、7頭身以上ある人たちの特権なのです。

(右) 身長160cm後半、細身で手足が長い7頭身以上の人は、ジャストサイズでも着こなせる。

(左) 身長158cmで6頭身の人がジャストサイズで着ると、老けた小学生のような印象に……。

Theory

「Mサイズ＝平均サイズ」ではない

日本の洋服ブランドの中心サイズはM、9号、38サイズなどですが、これらが日本人の体型の平均にズバリ合っているかというと、そうではありません。

「JIS規格」はご存じでしょうか。日本の産業製品に関する規格や測定法などが定められた国家規格で、電化製品、自動車、日用品はもちろん、衣類についても基準のサイズが定められています。「9AR」が、日本人女性の最も標準的なサイズと設定されています。

「A」は体型を表し、バスト83㎝・ヒップ91㎝の日本人の標準的体型、「R」は身長を表し（普通〈Regular〉のRです）、身長158㎝を表しています。

さて、この平均的なサイズに合わせて服を作ると、どうなると思いますか？

実は、ずんぐりした、平凡な服になってしまいます。

ブランドのマスターサイズと言われる、中心サイズ（M、9、38）の服は、身長

160から163㎝くらいの人が着ると丈バランスがちょうどよくなるように設定されていることが多いです。モデル体型まではない、160㎝前半の、親しみやすい読者モデル体型の人が着てちょうどいいサイズ感です。

中心サイズ（M、9、38）がJIS規格の「9AR」に沿っていればいいのですが、そうではないのです。

私もそうですが、平均の158㎝の身長の人が、中心サイズのはずの9号でも、パンツの丈、コートやジャケットの袖丈を直すことが多いのは、そういうわけです。

よく「私は手足が短いから、いつもお直しになる」と言っている人がいますが、そもそも服の丈が、平均より長めに設定されているのです。

ですから、必要以上に落ち込まないでくださいね。もしかすると、平均身長の人なら、中心サイズより少し小さめのサイズがジャストフィットするかもしれません。

また、「自分は平均より少し大きいから……」とLサイズを選んでいる人は、本当はMサイズがジャストフィットで、無駄に大きな服を着ている可能性もあります。

Theory

服は、あなたをスタイルアップさせてくれる

スタイルのいい服に体を入れることで、本来の自分の体型より、よく見える。それが服の素晴らしいところです。その視点で服を選ぶことが重要です。

「自分の体に合ったオーダー服を作りました。でも、サイズはピッタリなはずなのに、素敵に見えないんです」なんて相談をたまに受けますが、自分の体のラインそのままで作ると、体型に相当の自信がある人でない限り、かなり危険です。

猫背の人は猫背の服ができて、お尻が大きい人はお尻が飛び出た服ができあがる。**自分の抜け殻ができあがるということです。**

服を仕立てるときは、「自分の体のラインはこうだけど、本当はこうありたい」という形で、体を入れても着心地がよく、服のラインが崩れない、ギリギリのシルエットにしなくてはいけません。

裏を返せば、服には、私たちの体をスタイルアップしてくれる力があるということです。

それは、オーダー服に限らず既製服でも可能です。

ＣＨＡＰＴＥＲ２以降でご紹介するポイントをおさえた服を着れば、その服は、私たちの体をキレイに、そしておしゃれに見せてくれます。

モデル体型とは言えない私たち。手足の長さや頭身は、今更変えられませんが、服はいつだって変えられます。

肩がけバッグの位置ひとつで、スタイルは**よくも見えるし悪くも見える。**

バッグの肩ヒモの長さを変えるだけで、見た目の印象は大きく変わります。バッグの位置が低いと、重たそうで疲れた印象に。また、胴長に見えてしまいます。
バッグがA4サイズ前後の大きさであれば、お尻より下にならないほうがバランスが◎。色は、黒が万能だと思っている方が多いようですが、こげ茶かグレーの２色が、さまざまな色の服や靴に馴染みやすく、優秀です。

CHAPTER 2

日本人体型さんがあか抜ける5つのルール

モデル体型じゃない私たちは、おしゃれに服を着こなせない？　そんなことはありません！　この章でご紹介する5つのルールは、日本人体型さんがあか抜けるとっておきの魔法。誰でも簡単にできることなのに、一気に素敵に見えるので、ぜひお試しください。

STYLING RULES #1

トップスはショート丈かロング丈で

Before

NG POINT

ちょうど腰骨位置のトップスを着ると、胴長で野暮ったくなる

NG POINT

着丈が中途半端だと、全体がメリハリのないスタイルになる

トップス選びで最も重要なのは着丈！
ショート丈orロング丈のものから、
好きなデザインを選んで

After

ロング丈
着丈が長いだけで、こなれ感がでる
裾に前後差があると目線が分散して体型が目立たない
ショート丈のトップスは上半身をコンパクトに見せてくれるので、脚長効果が絶大
おへそ〜おへそ下2cmくらいまでが、ショート丈のベスト位置
ショート丈

トップスはショート丈かロング丈で

ショート丈
ハリのあるショート丈シャツ＋ワイドパンツは、オンにもオフにも使える万能コーデ
トップスがショート丈なので、ボトムスは長めがバランス◎
着膨れしやすい肉厚ニットも、ショート丈ならすっきり着こなせる
ショート丈のトップスにスリム系のボトムスを合わせたいときは、インナーをレイヤードにすると◎

ショート丈のトップスは、上半身をコンパクトに、脚を長く見せてくれます。ちょうどおへその位置からおへそ下2㎝くらいが、バランスがいいショート丈です。身幅にややゆとりがあり、体に張り付かない素材・デザイン、サイズ感のものを選びましょう。

Tシャツ・カットソーなら厚手のもの、シャツ・ブラウスならハリのある素材、ニットなら肉厚の編み地がおすすめです。

ボトムスとの組み合わせで大切なのは、ハイウエストであること。ローウエストだと、お腹や下着が見えてしまいアンバランスになります。

スカートは全般OKです。パンツの場合は、ワイドパンツやフレアーパンツのような、スカートに近いシルエットだと、バランスがよくなります。

ロング丈

ロングシャツはワンピースになるくらい長いもののほうが雰囲気が出る。ワンピースとしても使えてお得！

ボトムスはフルレングスより、短めの9分〜8分丈がバランスよく見える

ちょうどお尻が隠れる丈は程よいリラックス感が出るため、自然とこなれた印象に

ボトムスをスカートにするときはタイト系に。フレアー系なら落ち感のあるものにする

ロング丈のトップスは、ウエストとお尻の位置をカムフラージュしてくれます。チュニック丈（お尻下とひざの間くらい）だとおばちゃんぽくなるので、お尻下か、ふくらはぎが隠れるくらいのロング丈を選ぶのがコツです。

お尻下丈のトップスの場合は、ボトムスはお尻や脚のラインを拾わないハリのある素材、または、ゆとりのあるデザインを選んでください。

ふくらはぎが隠れるロング丈の場合は、脚のラインが丸分かりのレギンスなどでもOK。ただし、前あき全開で、脚が見える場合は、レギンスはNG。通常のボトムスにしましょう。

ボトムスよりトップスのほうが面積が大きくなるので、トップスのシルエットがキレイに出るボトムス選びを心がけてくださいね。

STYLING RULES #2

脚の付け根、お尻の終わり位置を見せるな！

Before

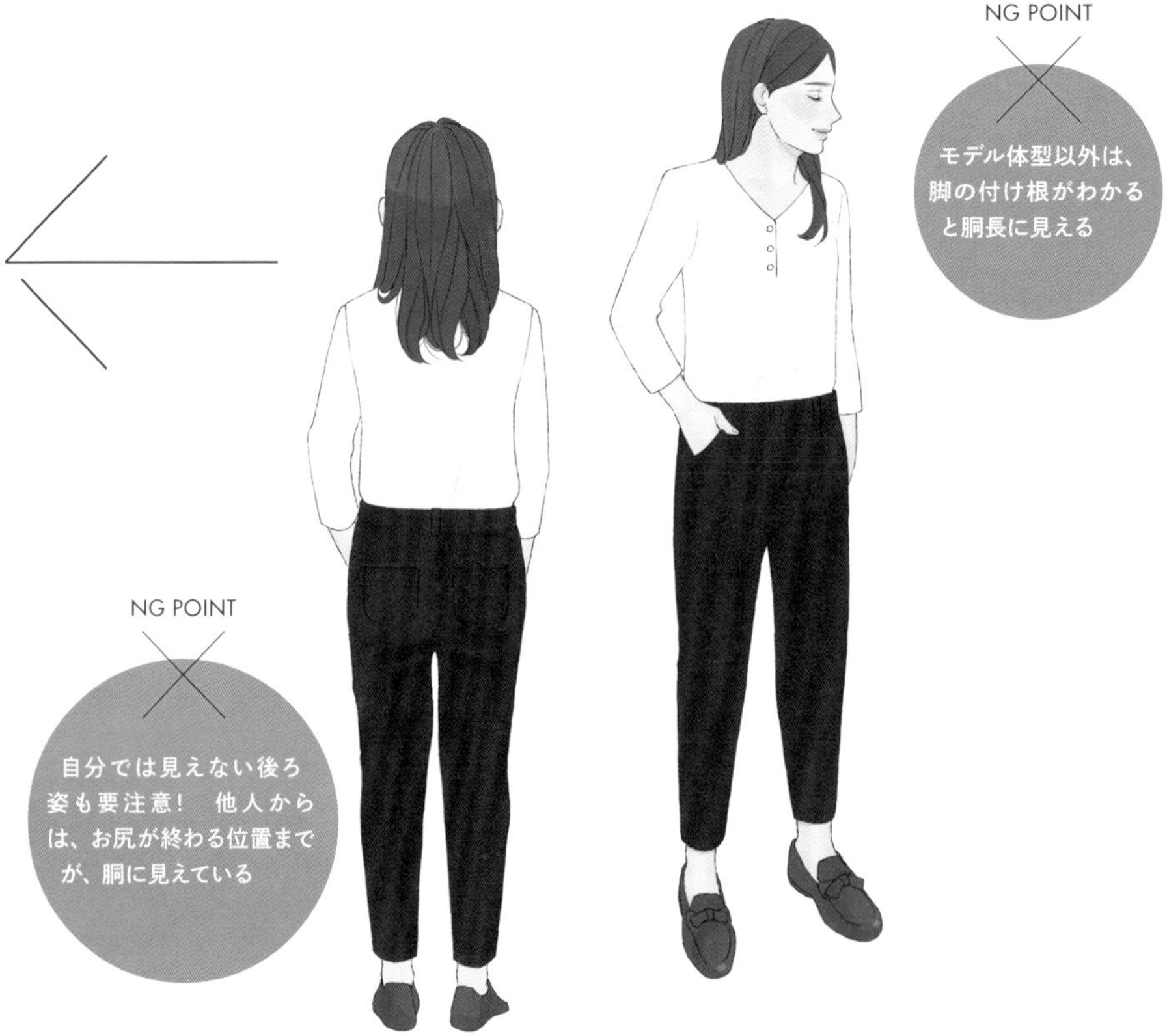
NG POINT
モデル体型以外は、脚の付け根がわかると胴長に見える
NG POINT
自分では見えない後ろ姿も要注意！　他人からは、お尻が終わる位置までが、胴に見えている

脚の長さ、お尻の位置は
そのまんまを見せずに、
脚の長さをごまかす

After
タックやギャザー入りのワイド系パンツは、脚の付け根とお尻の位置をカムフラージュしてくれる
ワイド系のパンツは骨盤や太ももの張りを隠してくれる

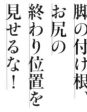

脚の付け根、お尻の終わり位置を見せるな！

後ろ姿も
お尻のラインが
出ていないか
確認して！

ラップ風パンツは、
脚の付け根を
隠してくれる
優秀アイテム

後ろがゴムの
テーパードパンツは
ヒップラインが
目立ちにくい

センタープレス入り
は立体感が出るので、
脚の付け根を
あいまいにしてくれる

パンツスタイルより、スカートやワンピースのほうが脚が長く見える、スタイルがよく見える……と感じる方は多いでしょう。その通りです。なぜなら、スカートやワンピースは、どこからが脚でどこがお尻なのか、わかりづらくしてくれるからです。

パンツスタイルだと、歩いたら脚の長さがわかってしまいますよね。私も含め、モデル体型ではない方は、残念ながら脚は長くないので、少しでも服の力でバランスがよく見えるようにしましょう。

ワイド系のパンツはスカートのようなシルエットなので、自然と脚の長さをカムフラージュしてくれます。テーパードパンツの場合は、腰まわりにゆとりのあるデザインを選んでくださ

空気がふわっと入ったように
見えるエアリー感がある
トップスは、スリム系
ボトムスと相性抜群！

脚のラインをギリギリ
拾わない細身のパンツは、
着痩せ効果絶大

ボトムスがスリムな場合、
トップスは丸みのあるデザイン
（バルーン、コクーン）を
選ぶと美バランス

お尻のラインが出やすい
ニットやジャージ素材の
タイトスカートも、
長めのトップスと合わせればOK

い。

　脚の長さがわかる、細身ストレートパンツやスキニーパンツをはいてはいけないわけではありません。長めのトップスを合わせて、脚の付け根とお尻をすっぽり覆うようにすればいいのです。スキニーパンツはストレッチがききすぎていると、ひざ、ふくらはぎのラインを拾い、ひざ下が短く見えるので、ストレッチ素材でポリウレタンの混率は8%以下、ハリのある素材がおすすめです。

　タイトスカートも、スリム系のパンツと同様の考え方で、トップスでヒップラインを隠せばOKです。その場合、トップスの着丈が長すぎるとせっかくの下半身すっきりラインが隠れてしまうので、お尻を覆う程度がベストバランスです。

STYLING RULES #3

靴は ボリューム感のある ものを選ぶ!

Before

NG POINT
ソールが薄いバレーシューズ系は、体が重たそうに見えてしまう
NG POINT
履き口が浅い華奢なデザインの靴は、足元が不安定に見えて、スタイリングが引き締まらない

足元が安定していると、重心が定まって全身を見たときにバランスがよくなる

After

日本人体型さんはヒールで高さを出すより、靴自体にボリューム感を出したほうが、バランスがよくあか抜ける

ソールに厚みがあると足元が定まり、安定感のあるスタイルになる

靴はボリューム感のあるものを選ぶ！

ホールド感があるヒールは、自然なボリュームが出てバランスよく見える
ヒールは細すぎず高すぎない7㎝までに抑えるのがポイント

OK

・履き口が深め
・ヒールが太め
→ ボリュームが出る

NG

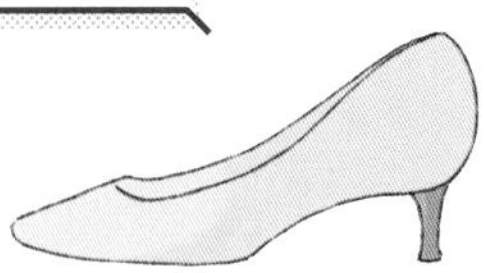

・履き口が浅い
・ヒールが細い
→ ボリュームが出ない

服は決まったのに、靴が決まらない。なんだかしっくりこない……という経験は誰しもあるでしょう。CHANELの創業者ココ・シャネルの名言にも**「いい靴を履いた女性は決して醜くならない」**とあります。靴は服より面積が小さいですが、スタイリングの要になる、とても重要なアイテムです。おしゃれな人ほど、天気予報を確認して、靴からコーディネートすることも多いのです。

スタイルアップして見せようと高さのあるヒールを履くと、脚は長く見えますが、腕の長さはそのまま（＝短い）なので、アンバランスに見える可能性があります。**実は日本人体型さんにおすすめなのは、高いヒールではなく、「厚めのソールの靴」なのです。**

たとえばミッキーマウスは、黄色の大きい靴がスタイリッシュで、おしゃ

ワーク系、ハード系の
ブーツは、ボリューム感を
出すのに効果的。
存在感のある靴を履くと
重心が靴へと下がるので、
体全体がスマートに見える

ヌーディーになりやすい
サンダルは、ホールド感の
あるデザインがおすすめ。
面積が小さいサンダルなら、
濃色のほうが安定感UP

スニーカーは少し大きめ
（＋0.5～1㎝）にして
ボリュームを出して。
差し色にすると
存在感も出て◎

れに見えます。一方でサザエさんは、足元が小さく、庶民的な印象を受けませんか？

　体に対して華奢な靴を履いていると、体が必要以上に大きく見えて、ずんぐり体型になってしまいます。ここ数年トレンドの厚底スニーカーやブーツを履くと、同じ服装でも足元が安定して一気にあか抜けます。

　ミュージシャンのaikoさんは、いつも足元にボリュームがあるスタイルをしていて、お手本のような方です。カラースニーカーで足元が主役になるようなスタイルや、存在感が出るドクターマーチンのレースアップブーツを愛用されています。ハードな靴を履くと、脚が華奢に見える効果があり、全身をバランスよく見せてくれます。

STYLING RULES #4

耳より上にポイントをつくる!

Before

NG POINT
シンプルな服を着ると、顔の大きさが目立ってしまう

☑ 顔の大きさを個性にすると、顔まわりの印象がキャラクター化され、逆に気にならなくなる

After

フレームが大きめの眼鏡は、小顔に見せてくれる

眼鏡とお団子ヘアーの合わせ技で、効果倍増！

「眼鏡→顔」の順に情報がインプットされ、「眼鏡の人」というキャラが立つ（顔の大きさが悪目立ちしなくなる）

まとめ髪の位置を高め（耳より上）にすることで、目線が上にいき、顔の大きさに意識がいかない

耳より上にポイントをつくる！

首が詰まったボートネックでも、髪型が前髪ぱっつんで個性的だと、顔の大きさは気にならない

ベリーショートの髪型は目線が頭上にいくので、ハイネックなど首まである服もすっきり見える

女優の高畑充希さんが、ベリーショートのときにハイネックをよくお召しになっていました

シンプルな服、首が詰まった服を着ると「顔が大きく見える」と感じる方がいると思います。私もそうです。目立つのです。

では、そんな私たちはシンプルな服は着られないのでしょうか？　いいえ、そうではありません。あえて顔まわりを主役にし、トップを引き立て役にしたコーデにすればいいのです。

たとえば髪型。顔を小さく見せようと隠すヘアースタイルではなく、髪型を個性的にして顔まわり全体をキャラクター化するイメージです。個性的な髪型に抵抗がある人は、片方だけ髪を耳にかけてアシンメトリーにするだけでも、雰囲気が出るのでOKです。

また、眼鏡はとても効果的です。アクセサリー感覚で、取り入れてみてください。帽子を被ることでも、ポイン

クロッシュ
カンカン帽
バケットハット

ブリムが短めなハットは、日本人体型さんでもバランスがとりやすい

ベレー帽
ニット帽

ブリムがないので、すっきりとした印象でポイントづくりができる

ハンチング
キャスケット
キャップ

前にブリムが出るので、顔のサイドに影が入りシャープな印象になる

トを上につくれます。ただ、頭でっかちにならないように、高さが出るものやブリム（つば）が極端に大きなものは避けてください。

おすすめの帽子の種類は、ベレー帽、キャップ、バケットハット、キャスケット、カンカン帽、ハンチング、クロッシュ、リブのニット帽など。色は髪の毛の色に合わせる（またはグラデーションにする）と馴染んでまとまります。

軽い印象が好きな人は、肌の色に近いベージュ系で合わせてもキレイです。個性を出したい人は、柄物や差し色になる目立つ色もＯＫ。色物に挑戦するには、カジュアルなキャップ、ニット帽などから始めると、取り入れやすいです。

STYLING RULES #5

メリハリをつけた色使いで体型をコントロール！

Before

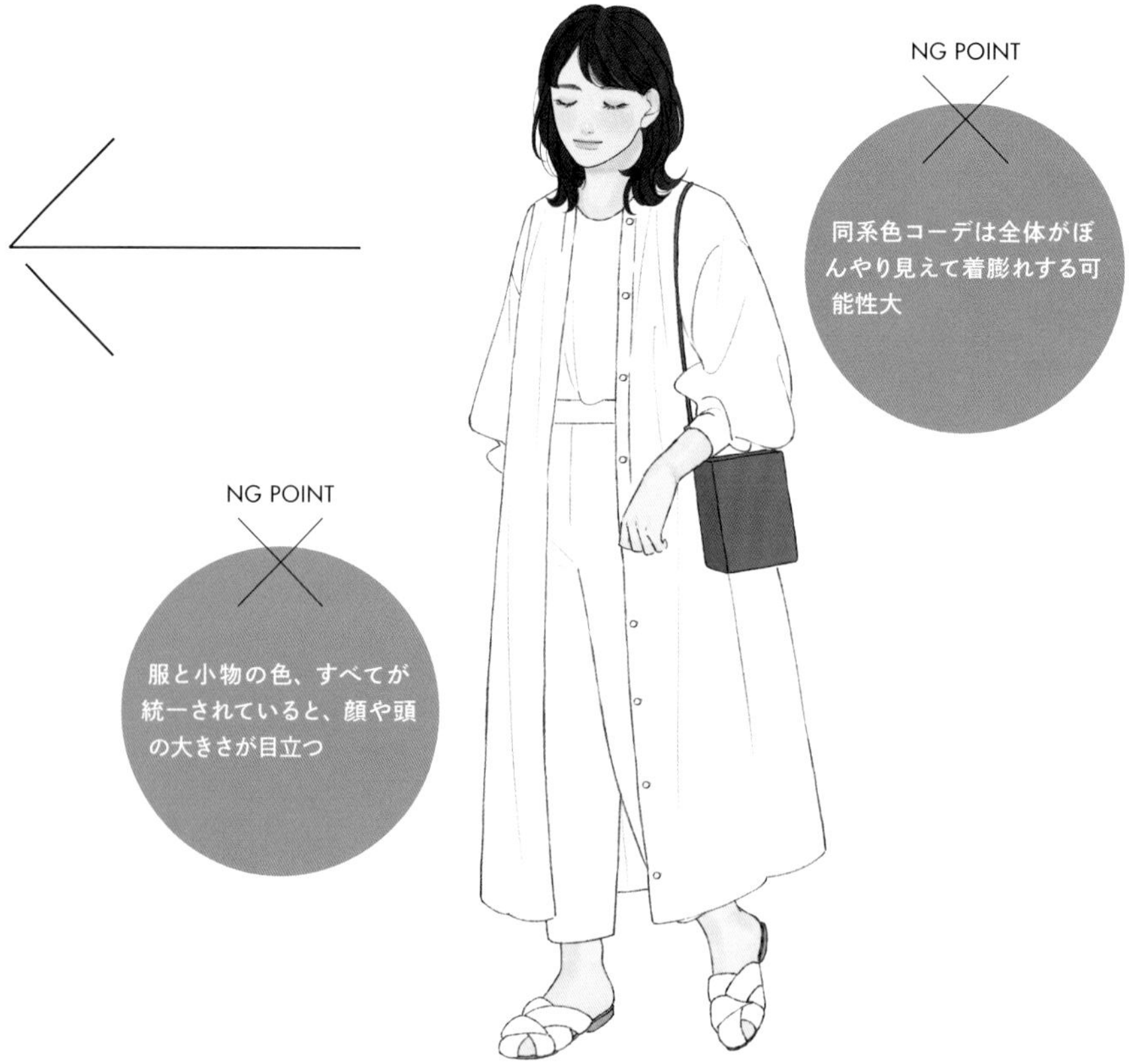
NG POINT
同系色コーデは全体がぼんやり見えて着膨れする可能性大
NG POINT
服と小物の色、すべてが統一されていると、顔や頭の大きさが目立つ

☑ 同系色ファッションは、体型がシルエットとして見えて着膨れする！色使いで目線を散らす！

After
インナーを濃色にすると着痩せ効果があり、スタイルアップして見える
トップスとボトムスの色にコントラストをつけると、目線が分散されて体型に目がいかない

メリハリをつけた色使いで体型をコントロール！

「色のメリハリ×フィットサイズのシャツ×フレアースカート」は、シルエットにもメリハリがつくので相乗効果◎

「白トップスor黒トップス×カラーボトム」はメリハリコーデの大定番

黒は引き締めてくれる一方で、同時に重たさも感じさせるため、トップスに持ってくるときはコンパクトに

同系色コーデはおしゃれ感もあり、ベージュ系やブラックコーデなら間違いないと思っている方も多いと思います。ぱっと見はまとまっているので、おしゃれ上級者に見えますが、日本人体型さんだと顔が目立つのと、全体が膨張して見える可能性が大です。

体型をキレイに見せるためには、トップスとボトムスの色を変えて、しっかりコントラストをつけましょう。トップスの面積が小さいほうが脚長&スタイルアップ効果があります。

色の組み合わせに迷う方は、トップスを白または黒にして、ボトムスに色物を持ってくれば完成です。色物が苦手な方は白×黒、ベージュ×黒などベーシックカラー同士でコントラストを出してもOKです。

ベルトを配色するだけで、
上下が分断されて
メリハリ効果が出る
自分のウエスト位置より
少しハイウエストにすると
脚長効果あり
ワントーンコーデのときは、
ネックレスやスカーフ使いで
メリハリをつけて
靴を差し色にすると、
のっぺり感がなくなり◎

上下同じ色のセットアップやワンピースなら、ウエストのベルトを差し色にすれば上下の境界線ができるので、メリハリ効果が生まれます。サイズ調整のためのベルトではなく、ウエストマーク用のややハイウエストでも使えるベルトがあると便利です。

ウエストをマークしないデザインの服の場合は、スカーフや、やや大ぶりのネックレスなどで、トップスにしっかりアクセントをつけてください。帽子だけ、靴だけ、バッグだけなど、小物を差し色にするのも効果的です。

スーツなら、インナーの色でコントラストをつけましょう。濃色系のスーツには淡色のインナー、淡色系のスーツには濃色のインナーを合わせるのがおすすめです。

ピアス、イヤリングで小顔見せ。
やや大ぶりなものをつけてみて。

× NG

○ OK

華奢な小さいピアス、イヤリングは、単体で見るとかわいくて素敵なのに、つけてみるとイメージと違う。こんなこと、ありませんか？ 小さすぎるピアスやイヤリングは、顔を大きく見せるので、日本人体型さんは苦手。やや大ぶりをつけて、小顔に見せてください。
なお、眼鏡をしているときは、ぶら下がるタイプのものだとごちゃごちゃするので、耳にフィットするタイプがおすすめです。

CHAPTER 3

スタイルアップのはずが逆効果！

NGコーデのビフォー&アフター

「美脚に見せたいのでハイウエスト+ハイヒール」「深いVネックで小顔効果」……と、よかれと思って選んだコーデが、実は逆効果になっているかもしれません。大切なのは体全体を見たときのバランス感。ビフォー&アフターでご紹介します。

＼あるある／

NG STYLING 1

脚長効果を狙ってハイウエストボトム＋ハイヒール
↓
腕が短いアンバランス人間に

Before

NG POINT

• 「脚が長い」というより、「胴と腕が短い人」に見える

• パンツ丈が長いと、必要以上にハイウエストではいてしまうことがあるので、要注意

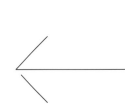

ハイウエストのボトムは脚を長く見せてくれるので、心強いアイテムです。ただ、注意してほしいのが、ウエスト位置をどこに設定するか。「この位置は正解？」と迷いませんか？

ワイドパンツは丈の長いものが多いため、引きずらないようにと超ハイウエストではいてしまう方がいますが、おへそとバスト下の中間までが美バランスです。

また、ハイウエストにハイヒールを合わせると、腰の位置が本来の体型よりかなり高くなるため、脚は長くなる一方、腕の長さは同じまま。そのため、やたらと腕が短く、アンバランスに見えてしまいます。腰の位置は服で操作できても腕の長さは変えられないので、全体のバランス感を大切にしましょう。

☑ 腕の長さは変えられないので、脚の長さだけでなく、全体のバランス感を意識する！

After

ハイウエストボトムだけでも脚長のバランスになるので、ヒールは6㎝前後くらいまでが自然

フラットシューズで十分バランスよし！足元が華奢にならないように、安定感のあるシューズにして

＼あるある／
NG STYLING 2

ロングネックレスで縦長効果を狙う
長すぎて間延びして見える

NG POINT

・ネックレスの長さがボトムスまでかかっているのは、不恰好

・着痩せ効果があると言われる縦長ラインも、ロングネックレスでつくると間延びする

Before

着

痩せの法則の鉄板が、体の中心に縦ラインを入れること。ただ、ネックレスは簡単に縦ラインをつくれて人気ですが、長すぎると不恰好です。

また、華奢すぎるネックレスは、逆に体を大きく見せるので注意してください。

ロングパールネックレスは、10年ほど前には120㎝の一連または二連づけが定番で流行りましたが、今は80㎝の一連づけが定番です。

肌につけるショート丈のネックレスの色（ゴールドかシルバーかプラチナか）は、パーソナルカラーを重視するとよいのですが、ロングネックレスの場合は、どの服に合わせるかで色を決めてください。服の上にのるペンダントも同様です。

☑ ロングネックレスは、服にデザインをプラスするように取り入れる！

After

ネックレスは
"服にデザインをのせる"
イメージで楽しんで

ロングネックレスは
長くてもバスト下10㎝までが◎

ペンダントはトップの重さで
チェーンがV字型になるので、
ネックレスよりシャープな印象になる

ペンダントの先は長くても
おへそより上にあると、
バランスよく見える

＼あるある／
NG STYLING 3

ストールで縦ラインをつくりすっきり
長すぎるとあか抜けない

Before

NG POINT

・厚手のストールを垂らして巻くと、厚みが出て着膨れする

・長すぎると、縦長効果よりもだらしない印象が強くなる

ストールをさらっと垂らしただけや、一重に巻いただけの姿は、颯爽としていて素敵ですよね。身長がある程度高くスリムな人なら、縦長効果が発揮されます。しかし、日本人体型さんだとストールのせいで厚みが出て太って見えたり、長すぎて野暮ったく見えたりして、あか抜けません。

日本人体型さんがストールを使うときは、首まわりにボリュームを出すようにコンパクトに巻くと、小顔効果あり。巻き方はいろいろありますが、ピッティ巻き（ミラノ巻き）が、着用中崩れにくく、程よいボリューム感でおすすめです。また、黒や紺などの濃色より、グレー、ベージュなどの中間色のほうが、ストールが膨張して見えるので小顔効果があります。

ストールを垂らしておしゃれに見えるのはモデル体型だけ！

首元にボリュームを出して小顔効果を狙う！

ストールの巻き方

1
2
3
4
5
6

After

首まわりにストールでボリュームを出すと、対比で小顔に見える
柄は大きなほうが小顔に見せてくれる

あるある

NG STYLING 4

コンパクトな肩幅の服で華奢な印象に

↓顔が大きく見える

NG POINT

- 自分の肩幅より狭いトップスを着ると、顔が大きく見える
- 肩幅とは右肩先から左肩先まで

Before

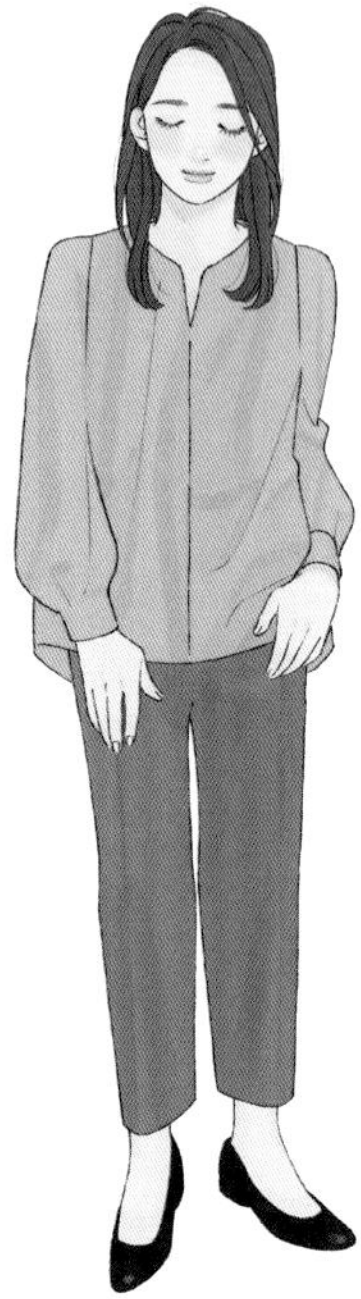

肩幅が小さいトップスは体を華奢に見せてくれそうですが、肩が小さくなったぶん、対比で顔が大きく見えてしまいます。また、そもそも肩幅が狭い人、なで肩の人も、同じような見え方になります。

自分の肩先までしっかり肩があるトップスを選びましょう。薄手の肩パッドが入ったカットソーやシャツ類、肩先や肩から袖にかけてデザインが入ったパワーショルダーなども、小さい肩幅を自然と補正してくれます。バブル時代の肩を強調したファッションが、令和になり、現代版として、ナチュラルな形で再来しています。

ただし、いかり肩の人、肩幅が広い人の場合は、パワーショルダーを着るとより強調されるので、避けてください。

☑ コンパクトな肩幅の服は顔を大きく見せるので、肩をつくって小顔に見せる！

肩先がプラスされたようなデザインは、自然と肩幅を補正してくれる

なで肩の人は薄手の肩パッドが入ったトップスがおすすめ。自然な肩ラインができて小顔見せに成功

After

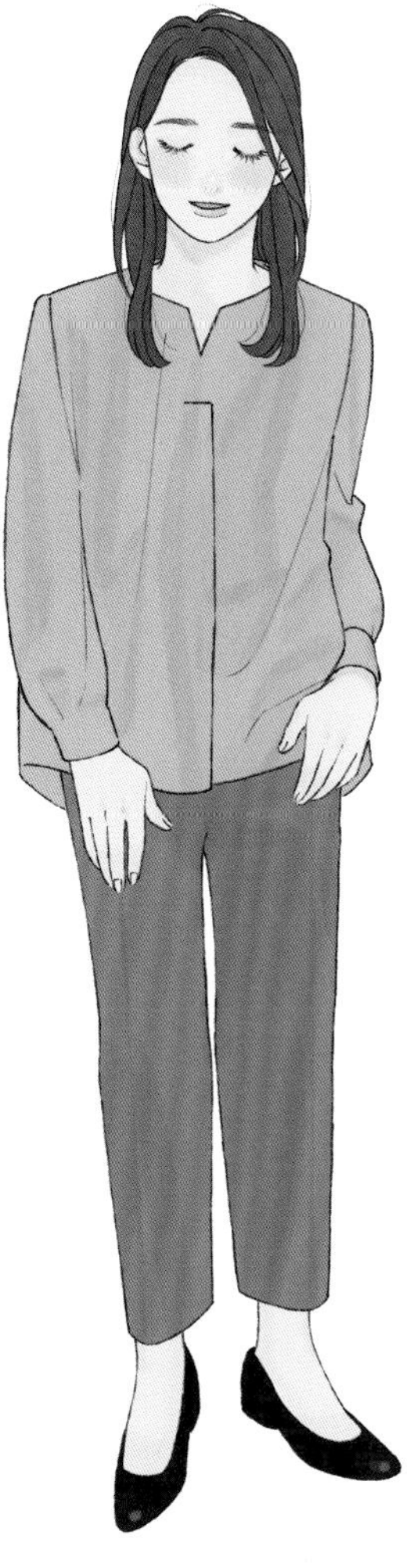

〈 肩幅は小さくするより、しっかりあるほうが、顔が小さく見える

〈 自分の肩先まで服の肩があったほうが、腕がすっきり見える

＼あるある／
NG STYLING 5

美脚ラインパンツで脚長効果

ひざ下が短い残念シルエットに

NG POINT

• ブーツカットの美脚パンツは、ひざの位置が合っていないとチグハグ感が出る

• 丈をカットすると、ひざ下が短くなり、短足に見える

Before

美

脚パンツの中でも、ひざがシェイプされてひざ下が広がっているフレアーパンツは、脚長効果を狙ったデザインです。ひざの位置が合っていれば美脚に見えますが、ひざの位置がずれているとチグハグなシルエットになります。デニムのベルボトムも同様です。とくに低身長で裾直しが必要になる場合は、美脚ラインを切ってしまったらひざ下が短く短足に見えて、美脚パンツの意味がなくなってしまいます。

美脚をうたっているパンツの中でも、テーパード、ストレートなど、ひざにシェイプがないデザインであればＯＫ。これらのパンツは、脚の長さというより、脚のシルエットをキレイに見せてくれる・細く見せてくれることを「美脚」としていることが多いためです。

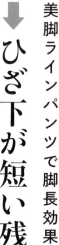

☑ 美脚パンツはシルエットが命。
ひざ位置を気にしなくてOKなパンツで美脚をつくる！

After

センタープレスが入っていると、立体感が出て、細く見える

太ももはゆったり、足首に向かって細くなるテーパードパンツは、細長効果により美脚に見える

ゆとりのあるストレートパンツは、O脚をカムフラージュしてくれる

ひざと裾幅が同じくらいのストレートパンツなら、裾を直してもシルエットが変わらない

\ あるある /
NG STYLING
6

ざっくりムード系のファッションで雰囲気を出す
↓
体型がキレイに見えない

NG POINT

- すべての服がオーバーサイズだと、野暮ったい印象になる
- おしゃれの基本は、サイズ感＝体に合っていること

Before

20代前半までなら「だぼだぼファッション」も愛らしく見えますが、大人の女性がしていると、往生際が悪い体型カバーや、だらしのない印象に見えます。また、細身の人、低身長の人がすると、服が重たそうにすら見えます。

おしゃれの基本は、サイズ感。ビッグサイズのファッションは、数年のサイクルで流行します。サイズがしっかり合っている服を着たうえで、数点「外しのアイテム」として取り入れるのは、トレンドをキャッチできており、アリです。全身がビッグサイズにならないように、注意してください。

また、「ビッグサイズにデザインされた服」を着るのと、「ただ大きいサイズ」を着るのとでは意味が違いますので、ご注意を。

☑ 基本はピッタリサイズを着るべし！ ビッグサイズは全身ではなく アクセントとして取り入れて

After

ゆったりしたアウターを着るときは、中はピッタリめにすると、アウターがアクセントになる
ロング丈のアウターの場合は、少しヒールがある靴にするとスタイリッシュで◎
The future starts today
ビッグサイズの半袖は、着丈が短ければ、ビッグサイズのボトムスと合わせてOK
靴はしっかりボリュームがあるものを合わせて

＼あるある／

NG STYLING 7

スーツ、セットアップなど上下セットになっていると安心 ➡ 上下が同じサイズでない人はチグハグに

Before

NG POINT

・スカートのサイズと丈バランスはいいけど、ジャケットのサイズ感が大きい、丈も長い。ジャケットの着丈のお直しは、全体のバランスが悪くなるので×

・トップスのサイズと丈バランスはいいけど、パンツの丈が短い。裾上げはできても裾出しは難しいことが多い

上下セットになっているスーツやセットアップなら、間違いない。きちんと見える。そう思っている方は多いと思います。ただ、上下それぞれ、サイズが合っていればいいのですが、実はそうはならない方が多いのです。自分では気がついていないことも多いのですが、トップスは9号でボトムスが11号など、**上下でサイズが違う人は、珍しくありません。**

上下別々のサイズでも購入できるスーツ、セットアップから、**自分に合ったサイズを選ぶのが賢い買い物です。**なお、袖丈はお直ししてもバランスが崩れることは少ないですが、スカート丈、パンツ丈はシルエットが変わることがあるので、5㎝以上、丈をお直しする場合は、慎重に確認してから購入しましょう。

上下セットのスーツやセットアップは、上下ともにサイズが合っているか、慎重に確認する

After

ジャケットの袖丈は手首前後に合わせて。親指の付け根まであるのは長すぎる

「上下別々のサイズを選べるスーツ」からサイズを吟味する

黒、ネイビーなどの濃色は、異素材でセットアップにしてもそれなりに見えるので◎

セットアップは同じ素材でなくてもOK！　同じ色のものを別々に買って、自分でセットアップにしてみて

＼あるある／
NG STYLING 8

ギャザーたっぷりのトップスでバストや体型をカバー
↓むっちり膨張して見える

NG POINT

- シフォンやサテンなど、薄手でギャザーがたっぷり入っているトップスは、膨張して見える
- ギャザーでカムフラージュしてくれそうだけど、実はバストやお腹など、出ているところを拾って強調する

ギャザーがたっぷり入っているトップスは、バスト、二の腕、お腹まわりをカバーしてくれそうですが、シフォン、サテンなどの柔らかい素材だと出ている部位を拾い、膨張して見えます。つまり、年齢とともに下がるバストトップ位置、お腹まわりの肉感が目立ってしまうのです。

ギャザーが入ったデザインを着たい場合は、綿、麻などハリのある素材にしましょう。ギャザーが膨張せず、体のラインを拾いにくいので安心です。

プリーツ、ワッシャーなどのシワ加工のトップスは、素材を選ばず、ほどほどにフィットしつつ体のラインを拾わないので、膨張しづらくおすすめです。ミセスブランドになるほどシワ加工のアイテムが増える理由がわかりますね。

☑ ギャザー入りのトップスを膨張しないように着るには、ハリ感のある素材を選ぶ！

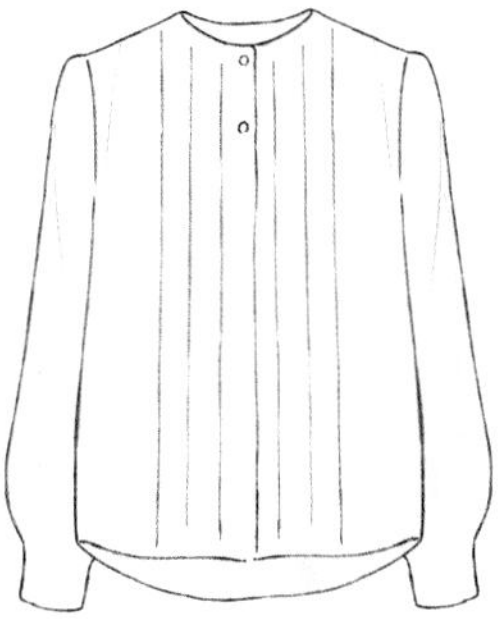

プリーツ加工でしっかりたたまれているブラウスは、膨張しないうえに、生地の重なりで肉感を拾いにくい

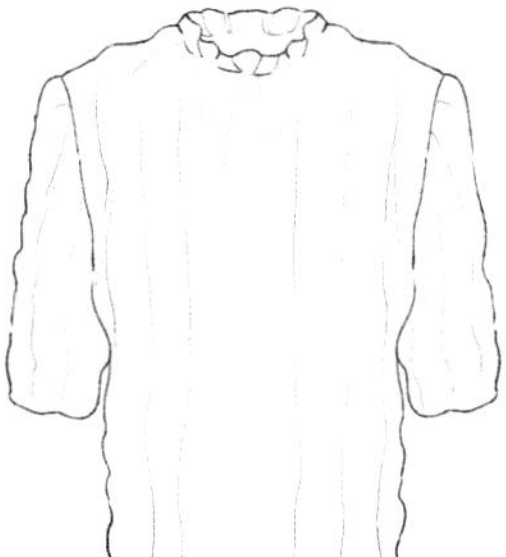

全体に凹凸のあるシワ加工は、体から離れつつ程よくフィットするので、自然な着痩せ効果が生まれる

After

ハリ感のある綿や麻素材は、ギャザー入りでも体から程よく離れてくれるので◎

＼あるある／

NG STYLING 9

ヒップにゆとりが多いパンツで、お尻の大きさをカバー

お尻の位置が下がって見える

NG POINT

・ヒップにゆとりが多いと、ヒップラインが下がって見えて、短足な印象に

・パンツは、ウエストではなくヒップに合わせるのが正解

Before

パンツ選びで最も重要なのは、ウエストではなく「ヒップのサイズが合っているか」です。ウエストはベルトやお直しで数センチは調整できますが、ヒップのお直しは通常はできません。

ゆとりがありすぎると、お尻が下がって見え、老けた印象を与えたり、短足に見えたりしてしまうので要注意。買う前に、鏡でヒップが下がっていないか確認してください。自分のヒップより下にパンツのヒップの丸みが出ている場合は、体型に合っていません。

パンツ選びが苦手な方には、ヒップから裾に向かって広がったワイドパンツがおすすめ。お尻と太もものラインがあいまいなデザインが多く、下半身をすっきり見せてくれます。

老け見えにご注意！パンツ選びは、ウエストではなくヒップに合わせるべし

After

「ヒップの一番高い位置」と「パンツの膨らみの位置」が合っているとキレイ
お尻が下がって見えないか確認する
ヒップの膨らみが高い位置にあるほうが、若々しい印象になる

＼あるある／

NG STYLING 10

Vネックは、深いほうが小顔効果がある

↓

顔の大きさが目立つ

Before

NG POINT

- 小顔効果があるVネックですが、襟ぐりが深すぎるとかえって顔の大きさが目立つ
- 背中のラインが出るくらい広いVネックは、年齢が出やすい

小顔に見せたいならVネックは定番ですが、Vの幅が広く深すぎるとデコルテがさみしく、顔の大きさが目立ちます。首が長い人はとくに、デコルテがあいた襟ぐりは間延びして見えるので要注意です。

インナーを入れてVを浅くしてもいいですが、Vネックを活かしたコーディネートにするには、チョーカーや短めのネックレスで、ワンクッション入れるだけでもOK。目線が途切れて顔の大きさが目立たなくなります。スカーフを取り入れるのも有効です。左のコーディネート2つは、ドラマ「地味にスゴイ！　校閲ガール・河野悦子」の石原さとみさん。衣装がおしゃれだと当時話題になりましたが、Vネック＋スカーフ使いを何パターンかされていて、素敵でした。

☑ Vネックのあきが深いときは、首にワンクッション入れると顔の大きさが緩和される

スカーフをチョーカーのように巻くのもおすすめ

スカーフでワンクッション！大袈裟にならないようにすっきり巻くのがポイント

After

華奢なネックレスは、重ねづけすることでポイントになる

デコルテがあきすぎてさみしいときは、チョーカーや短めのネックレスでポイントをつくると◎

大人女性は、**帽子は少し深め**に被って、**小顔に見せて。**

× NG

○ OK

帽子を浅く被ると若々しく見える、かわいい印象になる、と言われています。若い子はその通りでよいのですが、大人の女性がすると帽子が浮いて見えたり、サイズが合ってないように見えたり、顔が大きく見えたり……とアンバランスになるので、注意してください。少し深めに被ったほうが、間違いなく小顔に見えます。帽子の色は、淡色ならハイライト効果で顔色が明るく見え、濃色なら顔に陰影ができて小顔に見えます。

CHAPTER 4

日本人体型さんにおすすめ！

おしゃれが叶う基本の20アイテム

日本人体型さんがスタイルアップするときにおすすめの基本アイテムを、20種類ピックアップしました。スカートやトップスから、コート、帽子、靴まで厳選。服を選ぶときに、ぜひ参考にしてみてください。

テーパードパンツ

9分丈以上のものを選んで

センタープレス入りのものは、脚のラインをキレイに見せてくれるだけではなく、肉感も拾いにくい
くるぶし前後まで長さがあると、脚が細く長く見える
ひざ、ふくらはぎのあたりが出ずにストンと落ちる形だと◎

テーパードパンツとは、腰まわりはゆったりで、裾に向けて細くなったシルエットのパンツです。細くなったシルエットをなるべくギリギリまで保ちたいので、9分丈（くるぶし上）から10分丈の長さのものを選んでください。日本人体型さんは、7分丈だと寸足らずな印象になり、結果、短足に見えます。

シルエットがゆったりしすぎると、もんぺ風になるので注意。腰まわりは下着のラインを拾わない程度のゆとりで、ふくらはぎはパンツに張り付かない程度のフィット感がベストです。歩くとき、ふくらはぎにつっぱり感がないか、確認してください。

なお、ひざ下まで裏地が付いているほうが、歩いたり座ったりしても、ふくらはぎに張り付きにくいです。

BASIC ITEM 2

ワイドパンツ

股上が深いハイウエストで

Pants

トップスがインでも
決まるように、
ウエストまわりにゆとりのある
サイズ感のものを選ぶと◎
ハイウエスト+トップスを
インスタイルで、
脚の長さを稼げる
ショート丈のトップスを
出していても
キレイに被さり、
バランスよく見える
とろみ系、薄手のワイド
パンツなら、柄入りのほうが
膨張せずすっきり見える

ワイドパンツはボリュームが出るので、太くて短いシルエットにならないように、ハイウエストのものを選んでください。トップスをインしても着こなせるように、お腹まわりにゆとりがあるサイズが便利です。

ワイドパンツは、短めのトップスとも相性抜群。その際もハイウエストだと、トップスのアウトスタイルがキレイに決まります。

とろみ系の薄手ワイドパンツは、広がりやすく膨張して見えがちです。ストライプ、エスニック柄、ペイズリー柄など、柄物にすると柄が目立ってのっぺり感がなくなるので、すっきり着こなせます。

低身長の人は、ワイドパンツが重たく見えることがあります。8から9分丈にすると、バランスが取りやすいです。

BASIC ITEM 3

Pants

デニム

ゆったりストレートが最強

腰まわりや脚にゆとりがあるストレートは、体型をカバーしてくれる
大きめの後ろポケットは、お尻の終わり位置を隠してくれて◎
ジャスト〜ハイウエストの股上で、脚の長さを稼いで
ダメージ加工は自分の脚のラインでつけるべし

デニムは、ダメージ加工がついていてはきこなしている感が出たほうがおしゃれと思う方もいるかもしれませんが、色落ちしたひざの位置が合っていないとチグハグに見えてしまいます。自分ではいて、自然なダメージをつくっていきましょう。意外に早く色落ちします。

ちなみにノンウォッシュデニムは洗うと縮むので、一度洗濯してからはき込んでください。

ストレッチありのデニムははき心地はいいですが、お尻や脚のラインを拾いやすい難点も。綿100%のデニムはハリがあり、体型をカバーしてくれるのでおすすめです。

丈は、ストレートならくるぶしが隠れる丈、トレンドのバギーなら、かかとから1㎝上が美バランスです。

BASIC ITEM

4

タイト系スカート

腰まわりに貼り付けポケット必須！

ストレッチなしの素材は、ヒップライン、脚のシルエットを拾いにくいので◎
貼り付けポケットで脚の付け根をカムフラージュして
裏地付きのほうがヒップ&脚のラインを拾いにくい
ヒップは、下着のラインが出ない程度にフィットしていると美しい

タイト系スカートは、ヒップライン、脚のシルエットを拾いやすく、脚の長さがわかってしまうデザインです。

ただ、ルール2「脚の付け根、お尻の終わり位置を見せるな!」を守れるタイト系スカートもあります。「パッチポケット」といって、上から貼り付けるタイプのポケットが腰か脚の付け根にあると、歩いても脚のラインを拾わず、脚の付け根をカムフラージュできるのです。

ポケット付きが見つからない場合は、柄物がおすすめ。多少、お尻や脚のラインを拾っていても、柄の動きに視線がいくので、体型が目立ちません。

また、スリット入り、ベンツあきがあるデザインは、脚のラインを拾いにくいです。

フレアー系スカート

サーキュラースカートが優秀

Skirt
ウエスト〜お尻まわりで程よくフィットし、程よく離れてくれる
裾が平行にならず、ドレープのシルエットからランダムに脚が見えるので、脚の太さや形をカバーしてくれる
生地がバイアス（斜め）になるため、自然な重力のドレープになり膨張しない

フレアー系のスカートの多くは、ウエスト部分がタック、ギャザー、プリーツなどで、そこから裾に向けて広がり、フレアーのラインをつくっています。一方、サーキュラースカートは、ウエスト部分を中心にして広げたときに全体が円形になるスカートです（左右の裾を持ち上げると、裾が半円のラインになります）。他のフレアースカートよりも、裾に向かって贅沢にフレアーが広がるのが特徴です。

そのため、体に馴染みながらドレープが程よく体から離れてくれます。なので、体型が目立たないのです。

丈は、ふくらはぎがちょうど隠れるくらいがおすすめ。出ている脚が足首に向かって細くなるので、キレイに見えますよ。

BASIC ITEM

6

Tシャツ

袖は長く×着丈は短く×生地は厚手

T-shirt

カジュアルなときこそ、ネックレスをして上質感をプラスして
ネックラインが広いと下着感が出るので、やや詰まっているほうが上品見えする
Tシャツは綿100%が定番ではあるものの、汗かきの人は乾きが早いポリエステル製でも◎

シンプルなTシャツをおしゃれに着こなすのは難しい、と考える方は多いでしょう。普通に着ると体操服みたいに見えたり、カジュアルすぎておしゃれにはほど遠かったり……。

そんな方は、ぜひ次の3つのポイントをおさえて、Tシャツをセンスよく着こなしてください。

①袖丈は長めで肘くらいまであるもの。落ち着いた上質な印象になります。

②着丈は長すぎないもの（お尻を越えない）。お尻を越える長さだと座ったときにシワができて、よれっと疲れた印象になりがちなので注意。

③生地は体のラインを拾わない厚手（6オンス以上）のものに。薄手だと体に張り付き、下着っぽく見えます。

BASIC ITEM 7

襟付きシャツ

オーバーサイズでゆるく着る

Shirt

第1ボタンをあけて
自然な肌見せで
小顔効果を
ややオーバーサイズを
着るとあか抜ける
アイロンがしっかりかかって
いるものより、ソフトアイロン
または洗いざらしのシャツで
こなれ感を出して

白シャツを着ると、どこかの制服みたい……となったことはありませんか？　その場合、おそらく、アイロンがしっかりきいたパリッとした生地で、体にピッタリのサイズだったからだと思います。そのように真面目に着ると、シャツはあか抜けません。

ファッションとして着るシャツは、ややオーバーサイズでざっくり着ると、こなれ感が出ておしゃれに見えます。袖山にアイロン線がついているのはNG。綿、麻のシャツは、購入したら、水通しをしてから着用してください。

小顔に見せるためには、首元に高さがあるほうが効果的。ノーカラーやスタンドカラーよりは、レギュラーカラー（襟羽が付いているデザイン）がおすすめです。

BASIC ITEM

8

Cardigan

カーディガン

ジャケット風のしっかりデザインで

ジャケットのようなサイズ感で着られるものが便利
目が詰まっているニットは、体のラインやインナーを拾わないので重宝する
大きめのボタンが付いているものは、目が詰まっている
ボタンを閉めても無理のないサイズ感のものを選んで

カーディガンは、ジャケットのようなしっかりしたつくりのものを選ぶと、体のラインを拾わず、カーディガンのシルエットがそのまま出てキレイです。薄手でテロテロしたものだと、体のラインやインナーの当たりなどが表面に出て、残念な感じになってしまうので要注意。

また、ロングカーディガンは、おしゃれ感があり、あか抜けそうですが、日本人体型さんには難しいアイテムの一つ。ひざ下丈だと重たく見えて、ひざ上のチュニック丈だとおばちゃんぽく見えます。潔く、着ないと決めるのが正解です。

大きめのボタン（15㎜以上）が付いていれば、ニットの目はほぼ詰まっていますし、見た目もジャケット風なことが多いです。

ロング丈ニット

薄手&細身ですっきり見せる

薄手&細身で裾がフィットするニットは、膨張せずすっきり見える

ボトムスはニットにひびかないように、腰まわりがすっきりしたものと合わせて

タートルネックよりハイネックやボトルネックのほうが、服が首から離れるため小顔効果がある

「ロング丈ニットは太って見えるから苦手」という声をよく聞きます。たしかに、厚手だと着膨れしやすいアイテムになるでしょう。

そこで、ロング丈ニットを選ぶときは、薄手で細身のシルエットのものを選んでください。裾が広がらないリブ編みなどで、太ももまわりにフィットするデザインだと、すっきり見せてくれます。Aラインやバルーンのようなシルエットは、ずんぐり見えるのでNGです。

「薄手のニットは体のラインを拾いそうで心配……」という方は、ケーブル編みなど立体編みが入っているデザインも、体型カバー力大です。

また、綿ニットは、薄手でもハリがあり体型を拾わず、毛玉もできにくいので優秀です。

BASIC ITEM

10

ショート丈ニット

厚手&ゆったり幅でジャケット感覚で着る

Point
身幅にゆとりのあるサイズ感にして、ボトムスとの差を出すと、ウエスト位置が高くなる
ボトムスはすっきり細身、または落ち感のあるフレアー系との相性が抜群
厚手ニットだと体のラインを拾わないので◎
厚手なら、ショート丈でも寸足らずの頼りなさ感は感じさせない

ロング丈と反対に、ショート丈のニットは薄手だとムチッと見えたり、寸足らずで頼りない印象になったりします。

ショート丈ニットをバランスよくおしゃれに着こなすには、しっかり厚手で、身幅にゆとりのあるデザインのものを選んでください。ショートジャケットを着ているくらいのサイズ感のイメージです。

着丈が短い分、袖にデザインが多いのがショート丈ニットの特徴。通常は袖が長すぎるのはNGですが、着丈が短い分、袖が長くても萌え袖としておしゃれに見えます。

面積が小さい服は、色、柄、デザインにチャレンジしやすいアイテムです。トレンドのファーニットも、ショート丈なら大人女性でも無理なく着こなせますよ。

BASIC ITEM 11

ショート丈ジャケット

カラーレスですっきり見せる

Jacket

ボレロのように前を開けて着ると、自然な縦ラインができて着痩せ効果あり
パンツを合わせるときは、細身のものよりワイド系だとバランスよく見える
前側の重なりがないほうがすっきり見える
ショート丈ジャケットはスカート全般やワンピースとの相性◎

襟付きのショート丈ジャケットは、幼い印象になりがち。そこで、カラーレスタイプをすっきり、エレガントに着こなしてください。着丈は、おへそ下から腰骨前後を目安に。袖丈は、手首前後から、8分丈が理想です。7分くらいだとチープに見える可能性があるので要注意。

バストが大きく、ジャケットの前を閉めて着るとパツパツになりやすい人は、前側に重なりがなく、突き合わせになっているボレロ風のものがおすすめ。前を開けて着ることができるので、自然な縦ラインができて着痩せして見えます。男性は、正式な場ではジャケットのボタンは留めるのがマナーですが、女性のジャケットはボレロも正装に含まれるので、ご安心ください。

BASIC ITEM 12

ロング丈ジャケット

テーラードカラーのダブルが決まる！

Jacket

テーラードカラーは、インナーの襟の形が何でも合うので優秀

襟付きでダブルのものだと、前身頃が賑やかになり間延びしない

ボトムスが広がったシルエットのときは、ジャケットのボタンを開けて着るとバランス◎

紺ブレのように金や銀ボタンだと華やかな印象になり、パンツスタイル、スカートスタイルともに合わせやすい

ロング丈ジャケットは、シンプルなデザインだとのっぺり間延びして見えがち。テーラードカラーでダブルのものだと賑やかになり、羽織るだけでそれなりの完成度のあるスタイルになります。サイズ合わせのポイントは次の3点。

①着丈はお尻が隠れて、指先を越えない丈。

②襟の止まり位置（Vゾーンの下）がおへそより下にならないサイズ感。

③袖丈は手首前後から親指の付け根までの長さ。

パンツスタイルと相性がよく、スリム系からワイド系まで似合います。スカート、ワンピースは、タイト系からフレアー系まで合いますが、丈はフルレングスだと重心が下がって見えるので、長くても8分丈に抑えてください。

BASIC
ITEM
13

ロング丈コート

ひざ下10㎝までに抑える

Coat

襟はステンカラーが流行に左右されず、カジュアルにもキレイにも使えて万能

スカート裾がチラチラ見えるのはNG。しっかり見えるならOK!

ひざ下10㎝までだと過ごしやすい&バランスよく見える

袖丈は親指の付け根あたりだとキレイ。長い場合はお直しも検討して

「ロングコートは長いほうがおしゃれ。ロングスカートがコートの裾から見えたらダサいし……」と思っている方は多いかもしれません。その通りで、ロングコートは長いほうが素敵だし、フォーマルな着こなしであれば、ドレスの裾はコートから出ないほうがいいです。

でも、普段からくるぶしまであるスーパーロング丈のコートを着ていたら、階段で裾を擦ってしまうし、着脱のときも床についたりと、汚れ放題ですよね。長くてもひざ下10㎝までのものだとパンツ、スカートどちらもバランスよく着こなせるので、おすすめです。

ちなみに、裏地なしの一重コートは、インナーダウンが着用できる前提のサイズ感のものがここ数年、増えています。

BASIC ITEM 14

ショート丈コート

大きめ襟&ゆったり身幅がバランスよし

Coat

羽織ものとのバランスが難しいパーカーも、Pコートなら相性抜群！
ゆったりしたサイズ感で、下半身をすっきり見せて
大きな襟は小顔に見せてくれる
カジュアルなイメージのPコートも、襟のVゾーンが深いとエレガントなスタイルにも合う

ショート丈のコートは、やや身幅がゆったりしたサイズ感で着ることで、下半身がすっきり見えます。

定番のPコートにはさまざまなデザインがありますが、ショート丈で、襟のVゾーン（襟あき）が深いものは、カジュアルにもエレガントにも着こなせます。色はネイビーかグレーが合わせやすいです。

丈は、腰骨が隠れて、脚の付け根より上のものを選んでください。パンツ、スカート、ワンピーススタイル、どれともバランスよく合わせられます。袖丈は、ロング丈コートと同様に、親指の付け根あたりに合わせてください。

なお、あえてのレイヤードでなければ、コートの裾からトップスは出ないようにしてくださいね。

BASIC ITEM 15

スニーカー

黒×白のコントラストでシンプルに主張して！

本体が黒×ソールが白だと、どんな色のコーデとも相性◎
ハイテクスニーカーはスポーティーでアクティブな印象になる
NEATEN
ローテクスニーカーは、フェミニンな服装とも合う
黒タイツと合わせると一体化してキレイ

スニーカーのおしゃれの基本は、いつの時代も白です。ただ、ルール3「靴はボリューム感のあるものを選ぶ！」で、スニーカーは大きめサイズで重心をしっかり下げること、とお伝えしました。白だけだと軽さが出るので、「本体が黒×ソールが白のスニーカー」がおすすめ。重量感が出て、おしゃれ感とボリュームの両方が手に入ります。

真っ黒のスニーカーだと重すぎたり、真っ白のスニーカーだと足元だけ浮いたりすることがありますが、黒と白が入っているので、何色にも、どんな服装にも、馴染みます。

スニーカーには比較的シンプルなローテクと、機能性が追加されたハイテクとがありますが、スニーカーのおしゃれ初心者は、ローテクのほうがシンプルで合わせやすいです。

BASIC ITEM 16

パンプス

トゥが合っているものを選んで

Pumps

スクエア型

先端が四角い
「スクエアトゥ」**が合う**

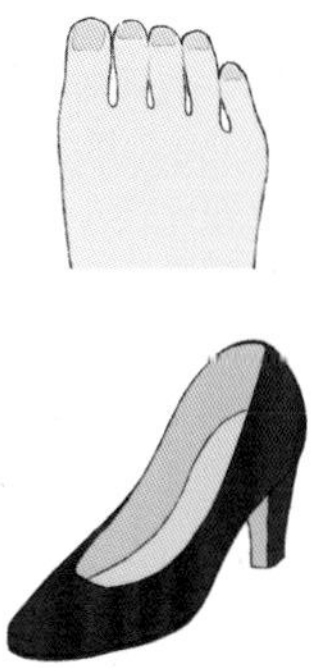

ギリシャ型

先端が尖った
「ポインテッドトゥ」**が合う**

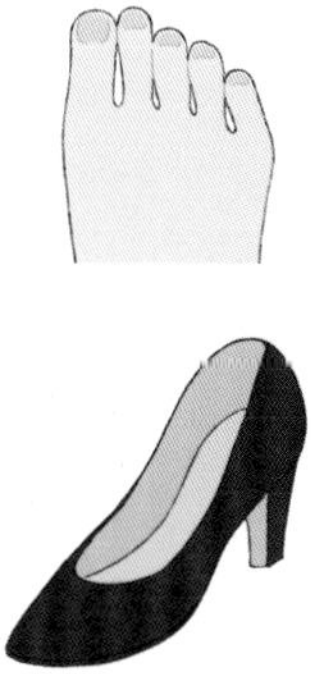

エジプト型

先端に丸みのある
「ラウンドトゥ」**が合う**

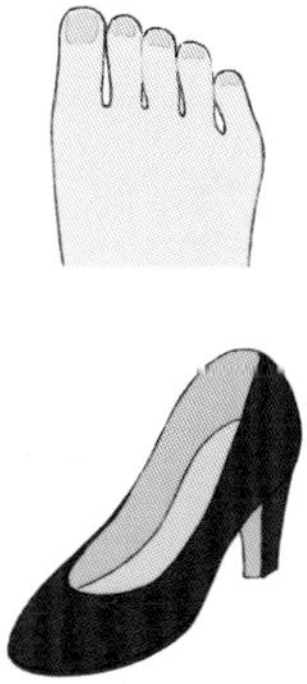

- かかとの中心がヒールの中心にくるか、歩いて確認する
- 指の付け根が見えない深さが◎
- ヒールは太めで、ソールは厚みがあるほうが、安定感が増す

パンプスは「素敵!」と思っても、足に合わなければ履けませんね。足の長さやワイズで合わせるのが基本ですが、足の指の形状によっても人それぞれ合いやすい「トゥのデザイン」があるので、ご自身の足の指の形を上記のイラストで、確かめてみてください。

「履き口深め」「ヒールが太め」「ソールが厚め」はマストとして、トゥは自分の足に合ったものを履いてくださいね。

自分の足に合ったパンプスがなかなか見つけられない人は、オーダーメイドも選択肢に入れてください。フルオーダーは高価で手が出なくても、セミオーダーで、各ブランドが準備した靴の木型からどれが合うかを診断していくものであれば、1万円台からあります。

BASIC ITEM 17

ショートブーツ

履き口のゆとり&ソールの厚みが重要！

Boots

色は合わせやすい順から、黒、こげ茶、濃いグレー、ネイビー
履き口にゆとりがあると脚が細く見える。指2本くらい入るのが理想
くるぶし上のショートブーツは、スカート・パンツスタイルどちらにも合う
縦に切り替えなどのデザインがあると、すっきり見える

自然と足元にボリュームが出て、オンにもオフにも活用できるショートブーツは、一足は持っておきたいアイテムです。秋冬だけでなく、春先も使えます。

ルール3でお伝えした通り、日本人体型さんは、厚みのあるソールで全身のバランスをよく見せることがマスト。最低でも5㎜以上のソールが理想です。

海外のラグジュアリーブランドの靴は、とても魅力的ですが、ソールが革製で薄く、華奢なデザインが多いです。日本の靴ブランドだと、ゴム製で厚みがあるソールを見つけやすいですよ。

カジュアル用だと、ヒールはなくてもOKです。キレイめコーデに仕上げたい場合は、4㎝以上のヒールがおすすめです。

BASIC ITEM 18

サンダル

足を包んでくれるグルカサンダルでボリューム感UP！

Sandals

実は昭和からある定番。シンプルなデザインだとトレンドに左右されずに履ける
華奢にならず抜け感も出るのがいい
フェミニンにもクールにも合う
指部分が包まれているので、ペディキュアをしていない日も安心して履ける

サンダルを履いた瞬間、足元が頼りない感じがして、コーデが決まらない……なんてことありませんか？

日本人体型さんは足元にボリュームを出すことが必須ですから、華奢にならないように、足全体を包んでくれるのに抜け感もある「グルカサンダル」がおすすめです。名前の由来はグルカ兵（英国軍傭兵）が履いていたことから。元はメンズが主流でしたが、現在、レディースでは、その年々の流行りの要素をプラスしたデザインが、ブランドごとに出ています。

濃色系だとクールでカジュアルな印象が強く出ますが、淡色系で少しヒールの高さがあると、フェミニンなワンピースにもジェンダーレススタイルにも合い、重宝します。

ベレー帽

帽子初心者にもおすすめ

前髪をつくるイメージで被ると、自然に見える
ニット地だと、サイズフリーで好きな位置で被れる
髪の毛と近い色だと馴染みやすい
少し斜めに被ると小顔効果あり

頭が大きいから、サイズが合う帽子が見つからない……という方もいるでしょう。でも、ご安心ください。ニットで編まれているものであれば、サイズを気にせず被れます。

ルール4「耳より上にポイントをつくる!」でベレー帽を紹介していますが、ニット地のベレー帽は、季節ごとにさまざまな素材のものがあります。春夏は綿、麻、ポリエステルなど。秋冬はウール、カシミヤ、アンゴラなどです。綿ニット地は春夏秋と3シーズン使えるので、おすすめです。

ベレー帽はおしゃれ上級者なイメージもありますが、ブリム(つば)がないので大袈裟にならず、意外と初心者でも使いやすいんです。ヘアアクセサリーのイメージで取り入れてみてくださいね。

BASIC ITEM

20

クロッシュ

コンパクトなデザインを選んで

Hat

帽子の山にすっぽり頭がおさまるサイズで
ブリムが下向きなので、陰影で小顔に見える
ブリムは長いと重たい印象になるので、8㎝以下のものにする

クロッシュは、フランス語で「鐘」の意味で、クラウン（帽子の山部分）がつり鐘のような形状をした帽子です。エレガントなドレススタイルにも合うので、日除けや防寒といった目的より、おしゃれを楽しむ要素が大きいアイテムです。

ブリム（つば）が大きいほうが小顔効果があるようにも思えますが、身長が高くないと重たい印象になります。顔まわりで似合っているかはもちろんですが、全身のバランス確認も忘れずにしてください。

また、クラウンは低めでコンパクトなデザインがおすすめです。クラウンが高いと、帽子が頭の上に乗っかっているように見えて、頭が大きく見えてしまうのです。しっかり深めに被れるサイズ感のものを選んでくださいね。

ベルトは、お尻を脚の長さに加えてくれる、超優秀アイテム。

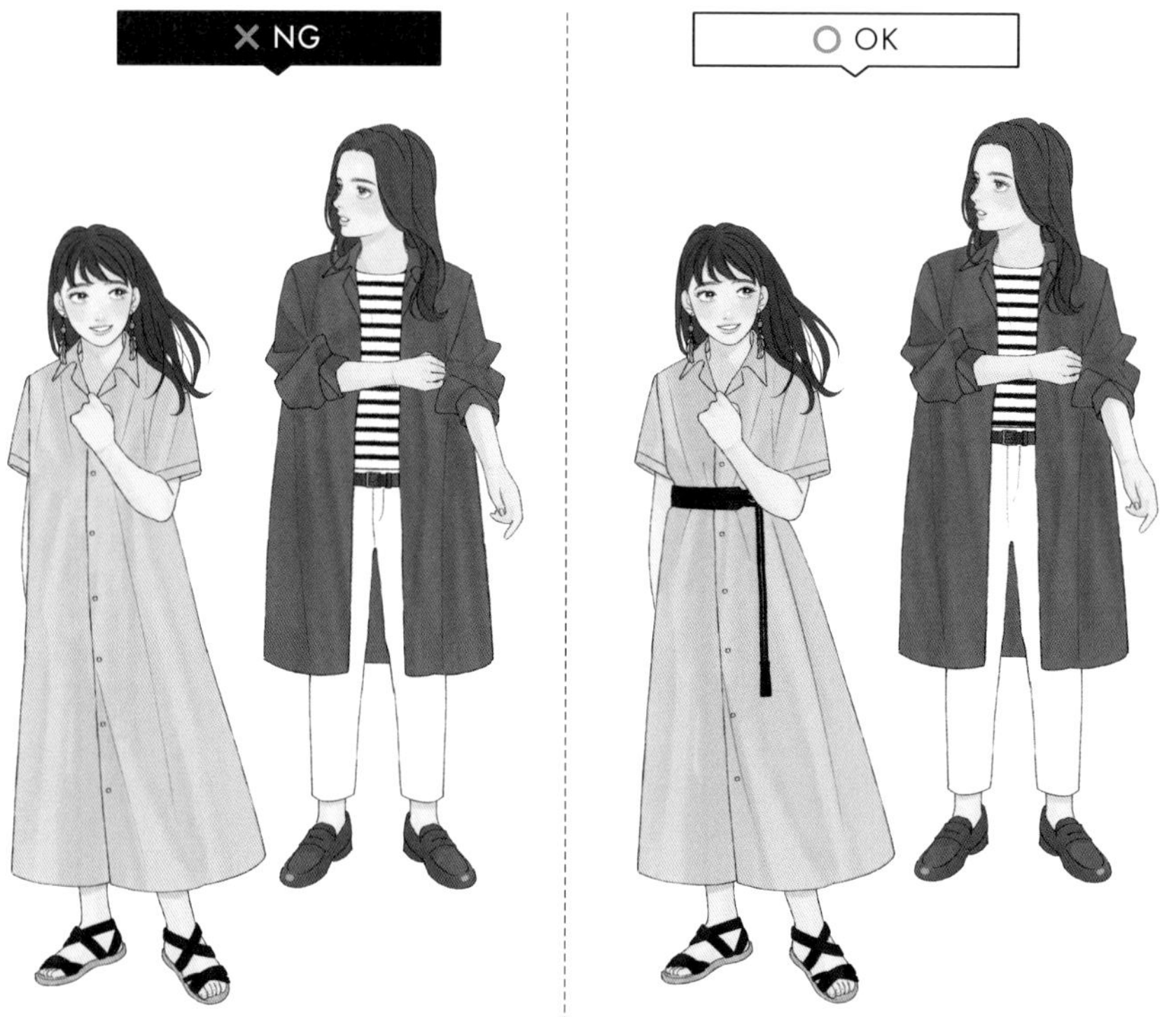

ベルトをただのサイズ調整としてだけ使うのはもったいないです。飾りベルトだと、実際のウエストより高い位置にして、脚の長さをつくりだすことができます。お尻も脚に見せる作戦です。ベルトの幅は、ベルトループ幅に合わせる必要はありません。ベルトループ幅より、やや細身のベルトで合わせるほうがキレイに見えます。なお、ローライズにインスタイルでベルトをすると、胴が長く見えるので避けましょう。

CHAPTER 5

カジュアルからお呼ばれまで

シチュエーション別おすすめコーデ集

おすすめアイテムはわかったけど、どう組み合わせてみたらいいかわからない……！　そんな方のために、おすすめコーデを集めました。フォーマルからカジュアル、アウトドアまでそろえたので、スタイルアップしながらおしゃれを楽しんでみてください。

SITUATION 1
オフィスコーデ

ジャケットスタイル

レギュラー丈ジャケットを軸にする！

テーラードジャケットの場合はダブルにすると、リクルートスーツ感がなくなる

ジャケットにテーパードパンツを合わせるなら、10分丈あるほうがよい

ルール5の通り、ジャケット・インナー・ボトムスの色のコントラストをつけると、メリハリが出る

「ネイビー×グレー×白」の3色は、仕事着カラーの黄金色！どれがジャケット・インナー・ボトムスでもバランス◎

ショールカラージャケットはスカート、パンツともに相性◎。春夏はベージュ系の明るいジャケットで爽やかにするのもGOOD

リブのカットソーは体のラインを拾いすぎずフィットするので、ジャケットのインナーに最適。白はコーデ力抜群！

ネクタイの色、柄でありそうな小紋柄ブラウスは、ジャケットスタイルにも合う

タイトスカートはポケット付き＆柄物だと、体型が目立ちにくくて◎

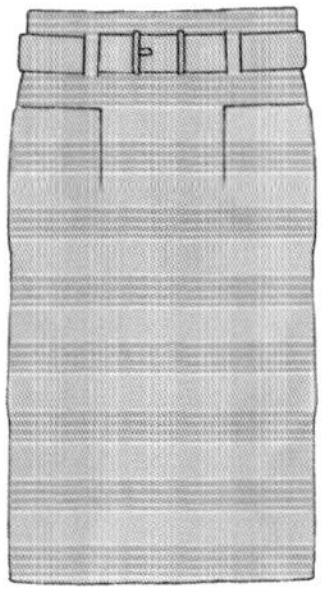

ワイドパンツをジャケットに合わせるなら、センタープレス入りでワイドすぎないものがバランス◎

仕事でジャケットスタイルが求められるときはベーシックカラーが基本ですが、注意してほしいのが、黒色。医療系では、控えたほうがいい場合もあります。ネイビー、グレー、ベージュが万能です。

標準的なレギュラー丈（ヒップ中央前後）は、スカート、パンツともにどんなシルエットのボトムスともバランスが取りやすいので、持っておきたいアイテムです。

ただ、レギュラー丈ジャケットは、「平凡＝ダサく見える」可能性があるので、ノーカラー、ショールカラーなどがおすすめ。テーラードカラーは、スーツはOKですがジャケット単品としては避けてください。テーラードカラーの場合はダブルにすると、程よくキャリア感がでます。

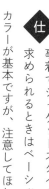

カジュアルスタイル

靴をダーク系にすると、全体が引き締まる！

トップスがカジュアルなら
ボトムスをキレイめにし、
ネックレスをプラスして
上質感を出して

プリーツスカートは
縦ライン効果で
着痩せ＆脚長に◎

カジュアルな靴も
タイツと合わせると、
落ち着いて見える

ジャケット風
カーディガンは
オフィススタイルに
相性抜群

デニムがOKなら
ゆったりストレートの
ブラックデニムで
大人の着こなしを

ファッションブランドから
出ているスニーカーは、
オフィスコーデに合わせやすい

コーディネートを考えなくていいワンピースは、1着あると便利。濃色のシャツワンピースは、体のラインが目立ちにくく、きちんと見える

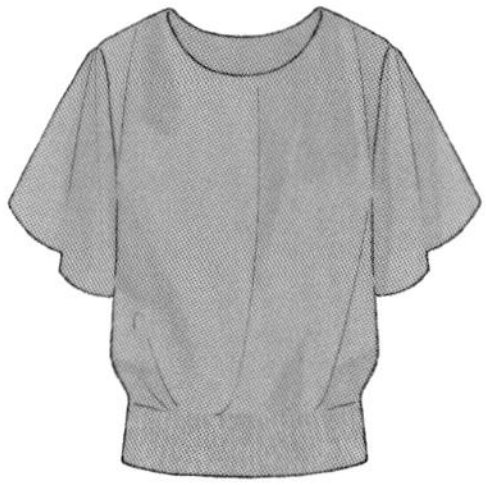

裾がフィットするタイプのブラウスは、アウトスタイルでもきちんと感が出て◎

ストライプで知的な印象をつくる

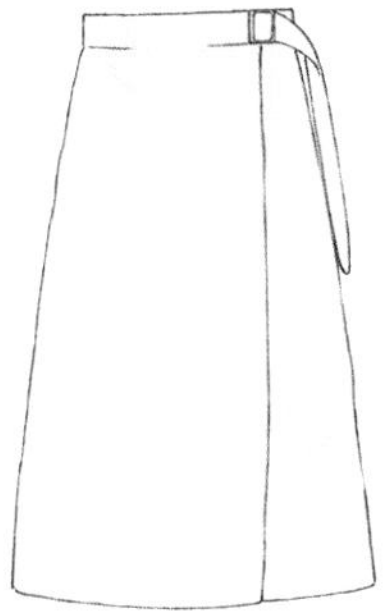

ラップ風のパンツが脚の付け根を隠してくれるのと同じように、巻きスカートも脚の付け根をカムフラージュしてくれる

すっかり定番になったガウチョパンツ。落ち感があるシフォン素材だと、膨張しないでエレガントに着こなせる

カジュアルがOKな職場にお勤めの方は、周囲とのバランスを大切に、カジュアル度合いの基準を決めておくと悩む時間がなくなります。

　カジュアルになりすぎると、日本人体型さんは幼い印象になるので、「トップスがカジュアルなときは、ボトムスはキレイめにする」「トップスがキレイめなときは、ボトムスはカジュアルにする」といった工夫が必要。程よいカジュアル感が出ます。ルール4「耳より上にポイントをつくる!」でお伝えした眼鏡を取り入れると、バリエーションも増えます。

　なお、最後にどんな靴を履くかで、印象が大きく変わります。パンプス以外のカジュアルなシューズは黒、ネイビー、茶などダーク系にすることで、全体がまとまり引き締まります。

いつもより、ドレスアップの日

ワンピースのサイズは肩で合わせる！

シフォンなど薄手の素材の
ワンピースは体のラインを
拾いやすいが、
濃色・柄物だと目立ちにくい
縦に流れるような柄は
着痩せ効果あり
華奢なワンピースには
ブーティーや
ショートブーツなどで
足元にボリュームを出して
柄ワンピースに
ストールを合わせるなら、
柄に使われている色の
ストールを選んで
全身が黒っぽいときは、
靴・バッグは茶系やグレー系、
差し色にするなど、
外したほうがあか抜ける

パネル柄によくある、裾から上に向かって小さくなるタイプの柄は、スレンダーに見せてくれる

カットレース素材は適度に体から離れるので、体型カバーに便利

Iラインのワンピースは、肩に合わせて、シルエット通りに体が入れば、最もスタイルアップして見える

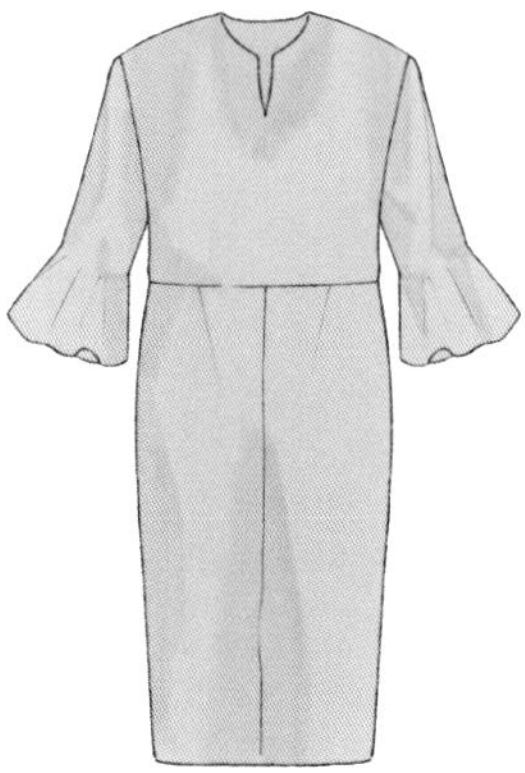

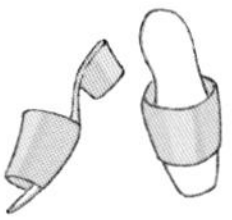

華奢になりやすいミュールは、履き口が深いものにする

ロングワンピースはローヒール、フラットシューズでもバランスが取れる

ひざ下からミモレ丈くらいのワンピースは、多少ヒールがある靴で脚の長さを出したほうがキレイ

普段よりドレスアップすることで気分を上げてくれるのが、服の魅力です。ドレスアップに便利なワンピース。**サイズ合わせで最も重要なのは「肩」です。**肩に合わせて着用し、次にワンピースのウエスト位置と自分のウエスト位置がかけ離れていないか確認してください。

ワンピースのウエスト位置のほうがやや上にあると、スタイルアップできて理想的です。そのうえで、ワンピースのシルエットがそのままキレイに出ていれば、体型に合っているので「買い」ですよ。

肩幅が小さめの人なら、いつもより小さいサイズでも入るかも、と考えて試着してみてください。**体型に合ったワンピースは、あなたを最もスタイルアップして見せてくれるアイテムです。**

SITUATION 4
休日コーデ

タウンカジュアル

好きな色(柄)×ベーシックカラーで自分らしさを出す!

ベレー帽で耳上にポイントをつくる。アウターと色を合わせると、帽子が自然に馴染む
小物は季節感や個性を出したいときに便利
オペラシューズは履き口が深いデザインが多く、足元が安定する
好きな色または柄のストールで首元のボリューム感をアップ
カラーボトムスでトップスとのコントラストを出して。オレンジは、茶系やベージュの延長で取り入れやすい

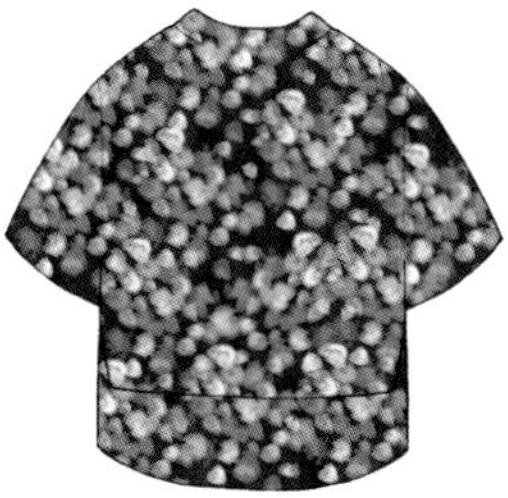

個性的な柄も、ショート丈だとしつこくない

後ろ襟に高さがあるVネックは細いVになるので、小顔効果あり！

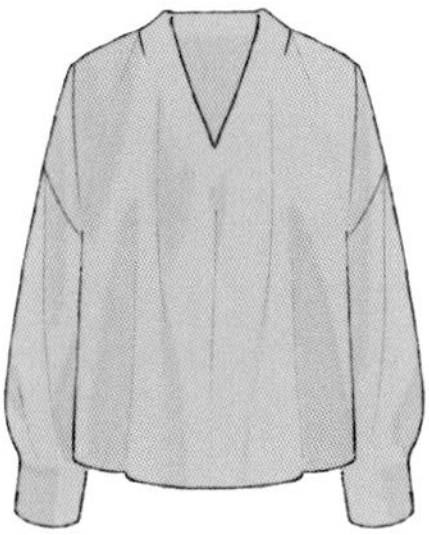

モヘアのように表面がフワフワしたニットは厚手ニットの仲間なので、ショート丈を選んで

夏にワイドパンツをはくなら、自然にシワが入っているビンテージ風の麻素材が◎。のっぺり見えず、膨張を防げる

サーキュラースカートで脚を細く見せて

特別な場所に行くわけではない日でも、おしゃれを楽しみたいですよね。そんなときには、仕事場では着づらい色物・柄物、お気に入りの帽子、眼鏡、巻物、靴など、小物を使いましょう。うまく使うことで、体型をキレイに見せることもできます。

ルール5「メリハリをつけた色使いで体型をコントロール！」は簡単でおすすめ。トップスとボトムスで、「好きな色（または柄物）」×「ベーシックな色」というコントラストをつくると、あっという間に自分らしいスタイルが完成します。

顔の近くのアイテムは、パーソナルカラーにしたほうが無難ですが、ボトムスは好きな色で問題なし。色物、柄物を自由に取り入れてOKなので、思いきっておしゃれしてくださいね。

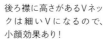

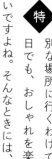

アウトドア

中途半端はNG。カジュアルに振り切る！

キャップで耳より上にポイントを！無地キャップは大人の女性にも似合う

メンズライクな大きめの腕時計は、手首を華奢に見せてくれる

肩がけバッグは高めの位置で持つと、視線が上にいき脚長効果あり

Tシャツワンピースは、袖長め×厚手生地に、着丈は8分くらいにするとバランス◎

ハイカットのスニーカーでボリュームアップ。柄スニーカーは汚れが目立ちにくく実用性も◎

裾がリブで体にフィットするブルゾンは、上半身をコンパクトに見せてくれるので脚が長く見える

ボートネックのロンTは鎖骨がすっきり見えてあか抜ける

襟が大きめの開襟シャツは、小顔に見せてくれる

テーパードラインのスウェットパンツは、裾にリブがないものがおすすめ（リブ入りだともんぺのように見えてしまう）

フロントに大きめポケット付きのベイカーパンツは、脚の付け根を隠してくれる

日本人体型さんは、カジュアルコーデが似合います。ピクニック、バーベキューなどアウトドアの日の装いは、しっかりカジュアルに振り切ってください。

アウトドアカジュアルは、ゆるく着たほうが雰囲気が出るので、トップスはアウトスタイルが基本です。アウトで着用しても長すぎないトップスを選んでください。ボトムスは、トップスをアウトしたときにモサモサしないように、しっかり股上が深くベルトなしではけるものが万能です。

ワンピースのときは、レギンスやスキニーパンツを合わせてスポーティーにすると、馴染みます。

ちなみに、「仕事着にしていた服がくたびれたから、カジュアル着に回す」は、チグハグ感が出るのでNGです。

結婚式

絶対にウエスト切り替えデザインで！

親族として参列

一連パールネックレス＋
一粒パールのピアス
（イヤリング）のように、
華やかにしすぎないのが
大人の装い

耳より高い位置で
ハーフアップや
アップヘアーにして
目線を散らす

フィット＆フレアーの
Xラインで
脚の付け根＆お尻位置をカバー

バッグと靴の色を合わせると、
フォーマル感が出る

華奢なパンプスは
ストラップがあると
安定感が増す

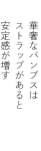

仕事関係者として参列
ダークグリーン、
ロイヤルブルーなど、
ダーク系の色にすると
控え目ながら品が出る
詰まった襟ぐりの
場合は、大きめの
ピアス（イヤリング）を
つけて視線を上に集めて
お呼ばれ靴の黒は
光沢があるものか
レースなど華やかさが
出る素材に
友人として参列
6月なら紫陽花や
ラベンダーを感じさせる
パープルにするなど、
季節の花の色で華やかに
レース×プリーツ
のように
縦に切り替えがある
デザインがおすすめ
装飾がついた
パンプスは
ボリューム感が出て◎

結 婚式のお呼ばれ服は、立場によって、装いの基準が変わります。

①親族として参列→ホスト側なので、華やかさより落ち着いた雰囲気に。

②友人として参列→季節を感じさせる華やかな色で、会場に花を添えるように、お祝いの気持ちを表して。

③仕事関係者として参列→会社の立場を踏まえて、品格のある装いが必須。

いずれにしても、袖付きで、一枚で完結するワンピースにするのがおすすめ。ボレロやショールを合わせると、幼すぎる印象になる可能性が大です。

ウエスト位置に切り替えがあり、ウエストから上と下でシルエットが違うデザインにすると、ボディーラインがキレイに見えます。

卒園卒業・入園入学・七五三

Iラインワンピを軸に賢く着まわす！

卒園式・卒業式

7～8分袖でしっかり厚みのあるワンピースは、ジャケットなしでも様になる。ジャケットを合わせたり小物を変えれば、入卒、七五三とすべてに使える

ハイウエスト切り替えのIラインワンピースで脚長&着痩せ効果

グレー系のバッグはどんな色とも馴染む

ワンピースだけのときは、ネックレスは「ワンピースの襟ぐりより下でバストの上」の長さだと、シンプルな華やかさが出る

ネイビーでも、全身にまとうと子どもから見たら喪服同然。重たい印象になるので、靴やバッグは明るめのトーンにして

入園式・入学式

七五三

コサージュは高めの位置につけると上半身がコンパクトに見える

ショート丈ジャケット×ワンピースは相性抜群。素材や色に差をつけてメリハリを出すと◎

コサージュやブローチをつけるときは、ネックレスは首に沿うチョーカータイプですっきり感を重視

パンプスはベージュではなくグレージュにすると、ヌーディーになりすぎず安定感が出る

マ マセレモニー服は、子どもの成長をお祝いする特別な装いです。学校、地域によって特徴があるので、バランスを見ながら、「主役は子ども」を忘れずに、装いを選んでください。

色でコントラストを出したいので、スーツの場合は、インナーの色で差をつけてください。単品アイテムでの組み合わせの場合は、ジャケットとボトムス（またはワンピース）の色、素材を違うもので組み合わせて、メリハリを出しましょう。ジャケットを着る習慣がない人は、厚みのある素材のフォーマルなワンピースであれば、ジャケットを着用しなくても大丈夫です。

パール系のブローチは、子どもの衣装が何色でも合うので間違いなし。コサージュは、子どもの衣装の色と合わせると一体感が出て素敵です。

参観日

ベーシックな色同士で コントラストを出して！

大ぶり、キラキラ光る
アクセサリーは避け、
プチネックレスで上品に

ジャケットスタイルでも
仕事感が出ないように、
ロングジャケットを
ラフに着ると◎

ジャケットとスカートは
異素材にし、
色に差をつける

パステルカラーなど、優しい色の
インナーで親しみやすさを出して。
縦リブのカットソーは体の
ラインを拾わない程度に程よく
フィットし、着痩せする

靴のまま室内に入ることも
想定して、カツカツ音が
しないように、ホールド感の
あるローヒールかフラットシューズに

Vネックの襟ぐりには
ネックレスをして、
顔の大きさを緩和させて
ハイウエストパンツ+トップスを
インで、脚長効果あり。
色の違うベルトをプラスすると
ウエストが引き締まって見える
首から離れたボトル
ネックは、顔まわりを
すっきり見せてくれる
タイトスカートに
丈が長いトップスをアウトで
合わせると、腰まわりが影になり、
着痩せする

参 観日って、どんな服装にしたらいいのか迷いますよね。周囲のママの様子がわからない場合は、先生を基準に考えてください。先生方が普段からスーツやジャケットを着ている学校であれば、保護者もジャケットスタイル、またはシャツ、ブラウスなど、キレイめがいいでしょう。

自由な校風で先生方がジャージ、デニムなどを着ているようであれば、タウンカジュアル程度が相応です。ただ、カジュアルにしすぎて浮いてしまうのは恥ずかしいので、気持ちキレイめにすると安心です。

派手にならないようにベーシックカラーを基本にしつつ、「白×紺」のように、ベーシックカラー同士でメリハリをつけることを意識してみると、おしゃれに見えます。

運動会

着丈長めでスタイリッシュに決めて！

スウェットパンツ派
バケットハットでトップにポイントを。運動会でも悪目立ちしない程度の配色の帽子は、子どもがママを探しやすい
肩がけバッグは、長いと間延びして見えるので、お尻より下にならないように注意
ロング丈のトップスにオーバーシャツを羽織で合わせて。厚手だと開けて着てもだらしなく見えない
濃色、厚手、裾リブなしのスウェットをシャツと合わせると、タウンウェアに見えて◎
ボリュームのあるハイテクスニーカーだと全体がまとまる
ヒップラインが出ないように、着丈が長いトップスと合わせる

デニム派
重さが出がちな黒キャップも、麻素材にすると軽さが出る
Tシャツの丈は短いほうがバランスがいいが、サイドにスリットが入ったデザインなら長めでもOK
バッグを高めの位置にすると、腰の位置が高く見える
裾がラウンドしているロング丈トップスは、短めなアウターとのレイヤードもおしゃれ
ETERNITY
2023

保護者が参加する大イベントといえば、運動会ですね。初夏または残暑の時期で、半袖か長袖か迷う気候です。半袖+羽織だと温度調整ができて安心です。

競技に参加はしなくても、しゃがんだり、子ども用の椅子に座ったりすることがあるでしょうから、**トップスはロング丈でコーデしましょう。**ボトムスは王道のデニムでも、楽ちんなスウェットでもOK。ただ、本格的なジャージを着ると、やる気満々そうで、近寄りがたくなるのでご注意を。

子どもが、ママがどこにいるか探しやすいように、帽子やバッグなどを目印になる色にするのもアリ。**メリハリもつきますし、周囲に馴染みつつ個性**も出るので、おすすめです。

ハイテクスニーカー・
ハイカットスニーカーには
靴下見せが、バランス◎。

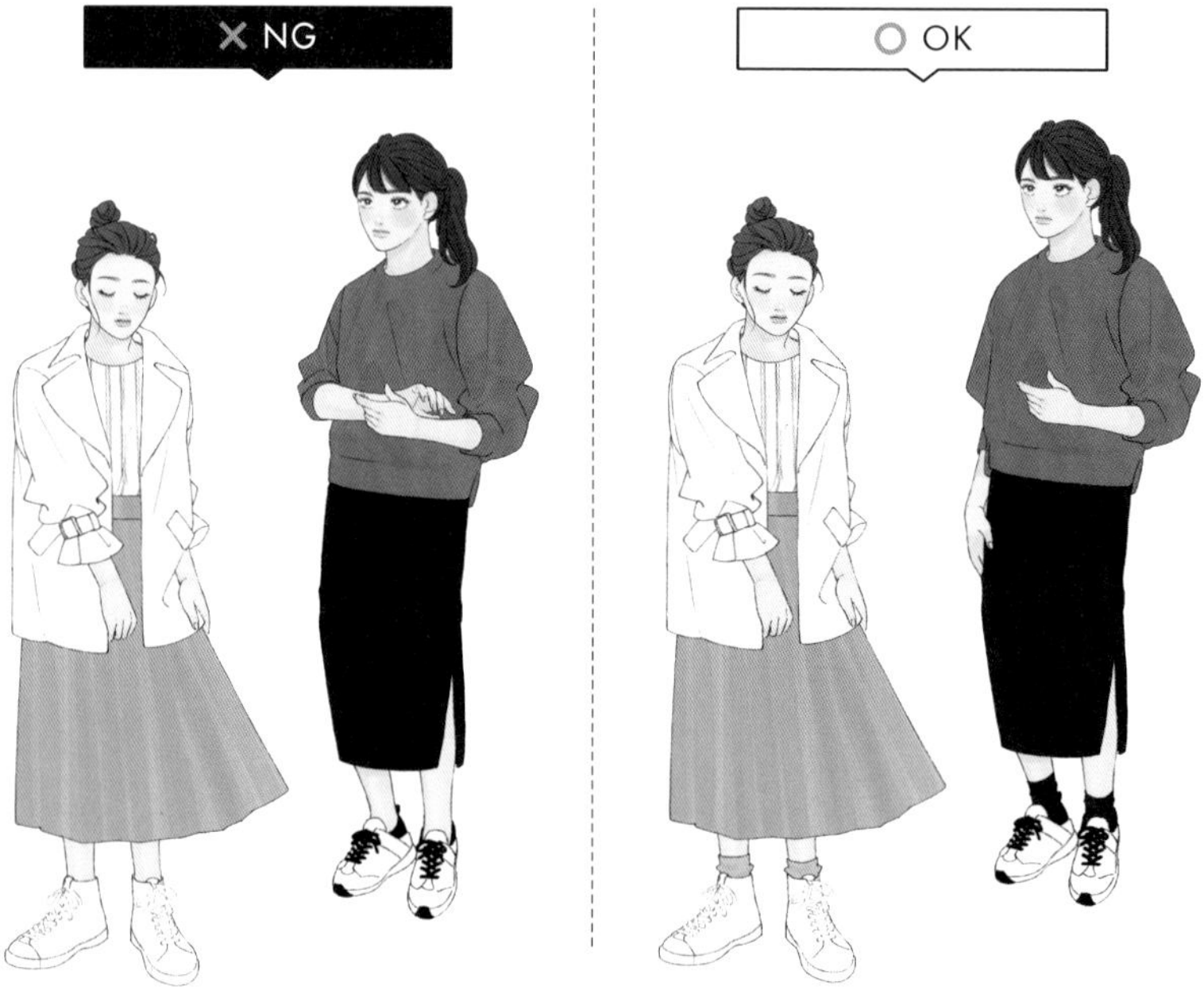

「スカート×スニーカー」コーデのときの靴下。ローテクスニーカーは、スニーカーソックス、フットカバーなど靴から見えない靴下で問題ないですが、ハイテクスニーカーだと、スニーカーのボリュームに対して足首が頼りなく、ふくらはぎが太く見える……なんてことが起こります。
ハイテクスニーカーなら、靴下をはいたほうがバランスが取りやすいです。ハイカットスニーカーは、靴下を合わせて、スニーカーと脚のつなぎ目を滑らかにするとキレイ。靴下の色は、スニーカーの色またはスカートの色と合わせると馴染みます。

CHAPTER

6

好きなファッションの見つけ方

「自分が好きなファッションスタイルがわかりません」――意外と多いのが、この質問。そこで、この本の最後に、好きなファッションの見つけ方についてまとめました。どうかみなさんが自分の好きなファッションを見つけて、おしゃれを楽しめますように。

Theory

「好きなファッション」迷子のあなたへ

ここまで、日本人体型さんにおすすめのコーディネートの仕方、アイテムの選び方についてお伝えしてきました。でも、「バランスの取り方はわかったけど、実際どんなお店で、どんなデザインの服を選んだらいいの？」と、迷う方も多いと思います。

ファッションには、〇〇系や、〇〇テイストなど、トレンドとは別の分類があります。自分の格好が普段どんな分類に属するか、意識していない人もいると思いますが、何かしらの要素はあります。

たとえば、私の場合は「モード系」の服が学生時代から大好きです。コムデギャルソン、ヨウジヤマモトに憧れて、ファッションの専門学校時代はモード系100％で装っていました。成人式は着物を着ないで、コムデギャルソンとヨウジヤマモトのワイズをまとって、式典に参加したくらいです。

しかし、就職したアパレル会社では、エレガント系、ナチュラル系の企画製造をしていて、社内にモード系の服装の人はゼロ。モード系の服で通勤するのは、何か違うかも……と思い、大好きなモード系を50％くらいに控えて、残りは、エレガント系をイメージしてコーディネートしていました。休日はモード系100％に戻り、行く場所によってはモード系70％にスポーティー30％にしたりと、モード系を軸に、そのときに好きなテイストをミックスしたりしていました。

一つ、スタイリングに軸を持っていると、そこに、違うものが入ってきてもスパイスのようになり、個性になります。

ただ、根っからのファッション好きであれば、「私は○○系が好き！」と、自然に好きなファッションが思い浮かぶでしょうが、そもそもどんな分類があるのかわからない方も多いと思います。

友人や家族に何が似合いそうか聞いてみたり、私たちのようなプロのファッションアドバイザーなどに診断してもらったりするのもいいのですが、軸にするものは、何よりも「好き」「着ていて、心地よい」「自分らしくいられる」ものであってほしいと思います。

というのも、「○○系の服が似合うと診断されたけど、自分の好きなテイストとはかけ離れているんです……」「ライフスタイルとは合わないファッションが似合うと言われてしまって、どうしたらいいでしょうか……」といった相談を受けることが、少なくないのです。

ですから、どうか、ご自身で中心となる軸を決めてください。そうすれば、嫌いなテイストになったり、ライフスタイルとかけ離れたりすることはありません。自分で軸を決めて、そこからTPOに合わせて調整すればOKです。

みなさんの好きなファッションを見つけるお手伝いをするために、これから、4つの質問をします。答えを書き出してください。

❶身近な人や、芸能人などで、いつも素敵なファッションをしていると思う人はどんなファッションですか？　または、どんな印象ですか？

❷趣味の世界、好きな場所へ行くとき、どんな服装だと気分が上がりますか？

❸好きな映画やドラマの登場人物は、どんなファッションをしていますか？

❹苦手なファッションはどんな格好ですか？　その逆が、好きなファッションに近いです。（想像がつかない方は、次のページのテイストマップを参考にしてください）

どうでしょうか？　少し、好きなファッションのイメージが湧いてきましたか？

次のページには、14のテイストを分類したマップをつくりました。どのテイストが好きですか？　自分らしい感じがしますか？　「好き」が見つからない場合は、「苦手」を見つけて、その対角のファッションはどうでしょうか？

そのテイストの服を多く取り扱うブランドも後述しますので、日常や通勤などで着用する服を買う際の参考にしてください。

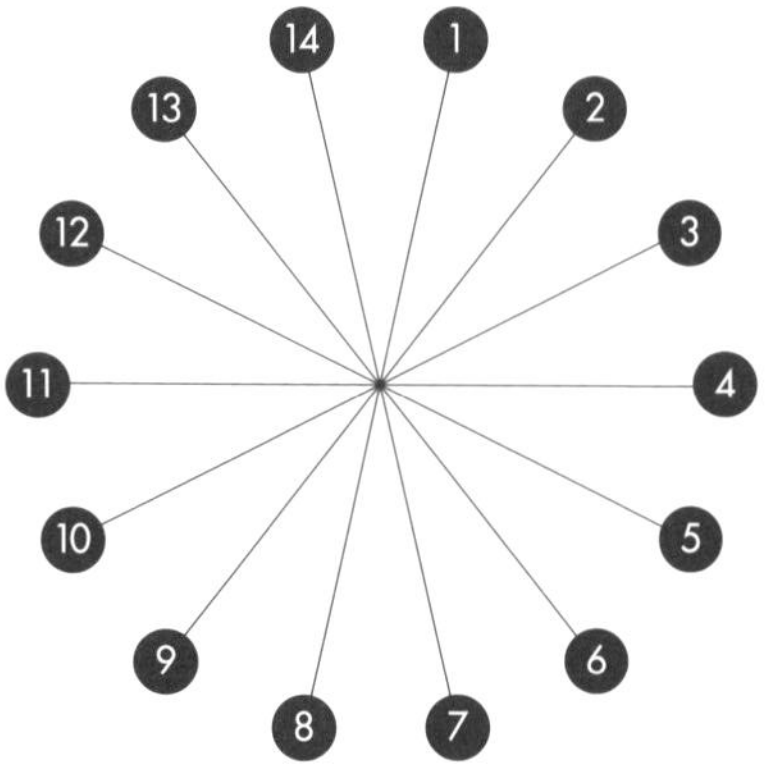
1
2
3
4
5
6
7
8
9
10
11
12
13
14

苦手なファッションの対角あたりのテイストが、好きなファッションに近いです。

(例)❶シンプルなテイストが苦手な人には、❼～❾あたりがおすすめ

3
エレガント
Elegant
6
スポーティー

1
シンプル
Simple
2
コンサバ
Conservative
4
クール
Cool
5
セクシー
Sexy
7
ストリート
8
個性的

Sporty

Street

Individual

9

モード

Mode

10

ロック

Rock

11

キュート

Cute

12

ナチュラル

Natural

13

文学少女

Literature girls

14

クラシック

Classic

ブランド	特徴	
ユニクロ/PLST/BOSCH/Theory/IENA/la.f.../ UNITED ARROWS/NOLLEY'S	すっきりと潔い 服装が好き	1 シンプル
23区/ROPÉ/UNTITLED/any SiS/a.v.v/組曲/ LAUTREAMONT/ketty/OFUON/INÉD/MICHEL KLEIN	控えめで、 きちんとした 服装が好き	2 コンサバ
ANAYI/COUP DE CHANCE/EPOCA/m-i-d/ Viaggio Blu/NARACAMICIE/ GRACE CONTINENTAL/allureville	優雅で、 華やかな 服装が好き	3 エレガント
BANANA REPUBLIC/INDIVI/JOSEPH/ AZUL BY MOUSSY/COMME CA/ADORE/ICB/ Paul Smith/ZADIG & VOLTAIRE	かっこいい、 スタイリッシュな 服装が好き	4 クール
PINKY & DIANNE/ZARA/H&M/ DIANE von FURSTENBERG/ BCBG MAXAZRIA/GUESS	女性らしい、 妖艶な服装が好き	5 セクシー
LACOSTE/GAP/Champion/Patagonia/Y-3/ BARNYARDSTORM/BENETTON/ Arnold Palmer/FRED PERRY	活動的で、 カジュアルな 服装が好き	6 スポーティー
URBAN RESEARCH/KBF/niko and .../ ADAM ET ROPÉ/H&M Supreme/RNA/THE NORTH FACE	ラフに自分の 個性を出して、 コーディネートを 楽しみたい	7 ストリート

ブランド	特徴	
ENFÖLD/VIVIENNE TAM/ADORE/ Marimekko/Jocomomola/UN3D./ UNITED TOKYO/LE CIEL BLEU	目立ちたい、 自分の好きを 全面で表現したい	8 個性的
COMME des GARÇONS/Yohji Yamamoto/ sacai/agnès b./ZUCCa/ATSURO TAYAMA/CAST:	服のこだわりが 好き、 ブランドの歴史が 好き	9 モード
DIESEL/HYSTERIC GLAMOUR/HYDROGEN/ Vivienne Westwood	音楽が好き、 ハードな服が好き	10 ロック
CELFORD/TOCCA/JILL by JILL STUART/ QUEENS COURT/Rose Tiara/TO BE CHIC/ Laura Ashley/STRAWBERRY-FIELDS/ armoire caprice	かわいいものが 好き、 フリル、リボンに 癒される	11 キュート
MARGARET HOWELL/MUJI/FRAMeWORK/ pas de calais/Plantation/45R/ Spick & Span/minä perhonen/かぐれ	天然素材が好きで、 リラックスできる ファッションが好き	12 ナチュラル
Bshop/A.P.C./HUMAN WOMAN/Paul Smith/ DRESSTERIOR/MACKINTOSH PHILOSOPHY	ブリティッシュ ファッションが好き	13 文学少女
J.PRESS/NEWYORKER/Aquascutum/ RALPH LAUREN/OLD ENGLAND/ Brooks Brothers	古き良き、 変わらない ベーシックスタイル が好き	14 クラシック

Theory

これからの賢い服の選び方

最後に、これからの賢い服の選び方を6つ紹介します。本書でご紹介したコーディネートのために服を買うときに、ぜひ参考にしてみてください。

1、「主役級の服」と「引き立て役の服」を使い分ける

「これぞ、まさに私のための服！」といった主役級の服だけで過ごせたらいいのですが、その服を引き立たせる、引き立て役の服も必要になります。大ベストセラー、こんまりさんの『人生がときめく片づけの魔法』（サンマーク出版）では、「ときめく」服を残す片付け術が解説されていますが、私も「ときめく」は服を選ぶうえで重要な要素だと思っています。

とても気に入った「ときめくブラウス」を着るためには、ブラウスを最大限素敵に見せる、「引き立たせるボトムス」が必要になります。服を購入するとき、ど

んな役割の服なのかを考えると、冷静な判断ができます。

2、気に入った服は、色違いではなく、同じものを購入する

自分にサイズがピッタリ合ったパンツやシャツを見つけると、「色違いもあったら重宝するかも！」と思って、購入していませんか？　私もかつてはそうしていましたが、はじめに買った色しか、ほとんど着ないことに気がつきました。一着目こそ、何色を買うか十分迷って買ったはず。その色でそのアイテムだから、いいのです。その服が気に入りすぎたのであれば、消耗して処分する時期がくることを考えて、まったく同じものを購入するべきです。

3、サイズは、前後のサイズも試着する

自分はMサイズと思っていても、デザイン、ブランドによってはLやSでジャストフィットすることがあります。とくに女性は、自分のサイズより大きいサイズを着るのを嫌がる傾向がありますが、サイズ明記は、目印程度と思ってください。

私は普段、日本のブランドだとMかLですか、ZARAだとXSのサイズから見ますし、韓国の安くてかわいいネット通販はXLのサイズからチェックします。ターゲットになるサイズを試着して、まったく過不足なし！　なら問題ないですが、少しでも丈が長い短い、幅がゆるい、きついなど感じたら、前後のサイズを試着してみてください。

4、ブランドにこだわりすぎない

ショップの雰囲気が自分の年齢層より高く感じて、販売員が自分より年上と思ったら、「私が着ても大丈夫なブランド？　着たら老けないかな？」と不安に思いますね。たしかにトップスは、自分の年齢より上の世代のブランドのものを着ると、間違いなく老けて見えます。

ただし、シンプルなボトムスであれば、サイズが合って着心地がよければ、上の世代のブランドのものでも十分着こなせます。若い子のブランドのボトムスをはいて、体型に合っていないほうが老けて見えます。

なお、若い子のブランドで服を買いたい場合は、カジュアルなTシャツ、スウェットなら比較的、大人も着ることができるサイズ感やデザインのものが見つけられますよ。

5、「ジュエリー」と「アクセサリー」を使い分ける

まず、ジュエリーとアクセサリーの違いを簡単に説明します。ジュエリーは、金、プラチナなどの貴金属、天然石などを加工した高価な装身具です。一方、アクセサリーは、使用する素材に制限はなく、比較的安価な真鍮や合金のネックレス、ピアス、ブレスレットなどをいいます。また、アクセサリーは「付属品」という意味もありますので、ファッションにかかわる、帽子、手袋、ベルトなどもアクセサリーです。

直接肌につけるネックレスはジュエリーにして、金やプラチナで肌の色をキレイに見せるようにするのがいいでしょう。一方で、服の上からするネックレスは、服の付属品として、デザインをプラスするイメージで考えればよいので、安価なものでも十分です。

ジュエリーは一生物としていいものを身につけて、アクセサリーは流行を感じるものをプラスしていくのが、大人の女性の小物使いにはおすすめです。

6、日本人体型さんには日本のブランドが合う

CHAPTER1で「JIS規格」の話をしましたが、日本のブランドでさえ、**日本人の平均体型よりスタイルアップされたサイズ感でつくられています。**

日本と欧米だと、女性の平均身長は欧米のほうが5㎝ほど高いです。したがって、**欧米のブランドは、同じM設定でも丈が長くなります。**ですから、基本的には、日本人体型さんには日本のブランドの服のほうが、サイズ感が合うでしょう。

とは言っても、海外のブランドに憧れたり、ファストファッションとしてお手軽な価格でデザイン性がいいものが多かったりで、着たいですよね。

その場合は、そもそも丈は合わないものと思って、7分袖のジャケットを長袖として着よう、クロップド丈のパンツをフルレングスにしてはこう……と考えて試着をして、バランスが合っていればOKです。

フレームの上のラインと
眉のラインを近づけると、
眼鏡が顔に驚くほど馴染む。

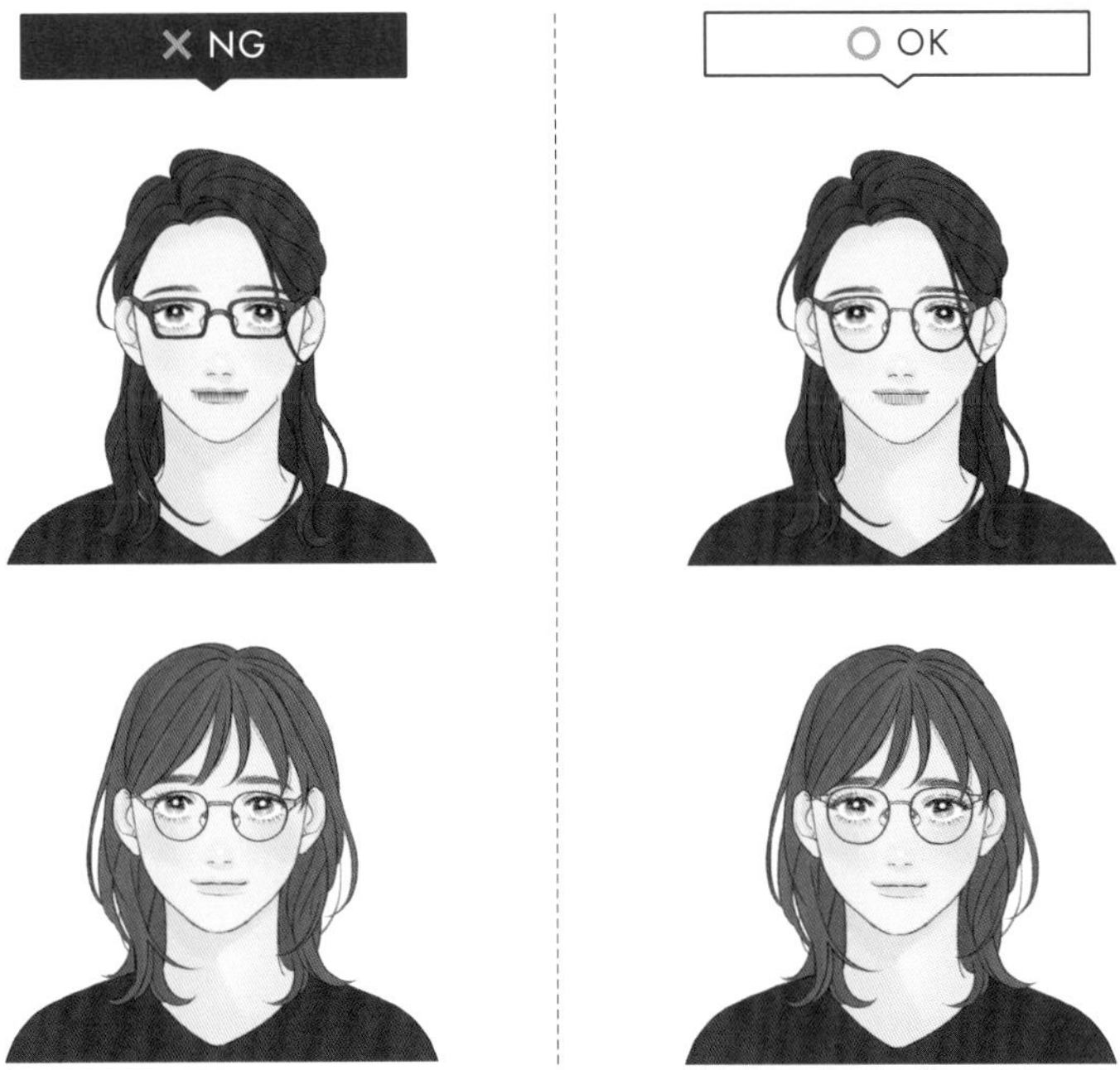

眼鏡は、フレームの上のラインと眉のラインが近いと、顔に馴染んで似合います。セルフレームは、カジュアル感が出て親しみやすい印象に。メタルフレームは、知的でエレガントな印象を演出できます。
小顔に見せたい場合は、ユニセックスのフレームが大きめのデザインを選んでみてください。顔を華奢に見せてくれます。タレントのギャル曽根さんやお笑いコンビ・相席スタートの山﨑ケイさんは大きめの眼鏡を愛用されていて、とてもお似合いです。

似合う服より、好きな服を着る時代に

20代の頃は、人からどう見られるかを意識して服を選ぶことも、世間や友人に馴染むための手段だと思いますが、**年齢とともに、似合う法則より「好き」が勝つことがあります。**

また、スタイリストとしての体感ですが、コロナ禍以降、自宅で過ごす時間が増えてからは、こんなふうに見られたいと「他人軸」で服を選んでいた時代から、**「好き」を大切に自分のための服を選ぶ、「自分軸」の時代**に変化しているように思います。

私はモード系が大好きだとお伝えしましたが、現在は保育園に通う娘の子育てもあり、モード系は好きですが、カジュアル要素が強いストリート系、スポーティーな感じになっています。そして、仕事のときも年齢とともにシンプル軸になってきました。

ライフスタイルが変わると、必要な服、着たいと思う服は変わるのが普通です。**似合う服が変わっていく、この変化を楽しんでください。**

コテコテのモード系が大好きだった私が、40代になりシンプルな服を好むようになるなんて、当時の私には想像できませんでしたが、これはこれで楽しいのです。

ここまでお読みくださり、ありがとうございました。体型にコンプレックスがありおしゃれを楽しめていない人に、**「体型はそのままでOK、選ぶ洋服が変わればおしゃれになれる」**ことを伝えたくて、この本を書きました。本書を通じて、みなさんのおしゃれのお手伝いができれば、これほど嬉しいことはありません。

最後に、出版社とのご縁をつなげてくださった、樺沢紫苑先生。私の企画書に手を上げてくださった、かんき出版の鎌田菜央美さん。素敵なイラストで表現してくださった、イラストレーターの珍田さん。本のイメージをビジュアル化してくださった、デザイナーの月足智子さん。パーソナルスタイリングの概念を教えてくれた、政近準子氏。親戚のような友人のような存在のパーソナルスタイリングの顧客様。いつも温かく見守り熱烈に応援してくれる、家族、親族一同、友人のみなさん。皆様方、一人でも欠けていたら、この本は完成していません。心より感謝申し上げます。

黒田茜

【著者紹介】
黒田 茜（くろだ・あかね）
◉——スタイリスト。アパレル企業（デザイナー・パタンナー）に10年間勤務したのち、個人向けファッションスタイリストに転身。ファッション業界に25年、身をおき、これまでに6000人以上の女性をスタイリングしてきた。
◉——アパレル時代はトレンドが最先端のおしゃれだと思っていたが、スタイリストとして活動するなかで、その人自身に似合うおしゃれを追求するようになる。あるとき、自分は安室奈美恵さんと同じ身長158cm、年齢も同じだが、安室さんの体重まで痩せたとしても、自分の頭身（頭の大きさ、手足の長さ）では安室さんが着ている服装は似合わないと気がつく。それをきっかけに、頭身のバランスに焦点を当てたスタイリングを研究するようになる。
◉——以来、頭身が高くなくてもセンスよくおしゃれになれることを伝えるために、パーソナルスタイリングを続けている。
YouTube　@akanefashionch

【イラストレーター紹介】
珍田（ちんだ）
◉——イラストレーター。pixivに投稿していた同人イラストが話題となり、現在はInstagram、Twitterでさまざまなイラストやコーデ写真を投稿。女性ファッションメディアや書籍の挿絵でも活躍している。
◉——実在するアイテムも使ったファッションコーデイラストが人気で、SNS総フォロワーは10万人超。ファッションブランドとのコラボアイテムも発売している。
◉——著書に『TINDA'S TIMELESS OUTFIT 明日がちょっと、楽しい服』『TINDA'S TIMELESS OUTFIT2 着回す、毎日が変わる、私も変わる』（いずれもKADOKAWA）、共著に『cawaiiコーデ絵日記 from cawaii_gram』（星海社）がある。
Instagram　tinda_fashion　　Twitter　@TINDA_OUTFIT

服《ふく》はいっぱいあるのにあか抜《ぬ》けきれないと思《おも》ったら

2023年6月5日　第1刷発行
2023年9月1日　第2刷発行

著　者——黒田　茜
発行者——齊藤　龍男
発行所——株式会社かんき出版
東京都千代田区麴町4-1-4 西脇ビル　〒102-0083
電話　営業部：03(3262)8011㈹　編集部：03(3262)8012㈹
FAX　03(3234)4421　振替　00100-2-62304
https://kanki-pub.co.jp/

印刷所——大日本印刷株式会社

　ISBN978-4-7612-7674-4 C0076